睡前3分鐘超感謝筆記

【1書＋1魔法筆記本】

5000人親身實證，
吸引好運與財富的超強習慣

心理諮商師masa——著
陳聖怡——譯

【前言】

超感謝筆記＋願望實現法，人生出現驚人好轉

「我想要改運。」

「我想要更多錢。」

「我希望狀況可以比現在更好。」

「我想要更有自信一點。」

大家是否都有過這些想法呢？

應該有些讀者也曾閱讀心理勵志書籍、參加講座，或嘗試過願望實現法、成功法則、吸引力法則等各種方法吧，那結果怎麼樣了呢？

「我試過了，但根本得不到我想要的效果。」「根本什麼都沒改

變。」這也許就是大多數人得到的結果。或者，有些人目前剛好就在經歷非常辛苦的現實、正想著要擺脫現狀吧。

我非常能夠理解這種心情。

我在二十多歲時，正處於人生的谷底。二十四歲那年，我因爲母親生病而辭去上班族的工作，成爲打工族，過著在家看護母親的生活。

當時我常常缺錢，住在狹小的出租公寓裡，和父親斷絕了關係，也沒有交往的對象。我根本沒有自信，失去了生存意義，對人生毫無夢想和希望。

當時每天都過得像行屍走肉的我，忽然遇見了人生的轉機。

那就是發現了齋藤一人先生的著作。

於是我決定老老實實地連續一百天，實踐他在書中所教導的事。

結果，在我實踐了九十天後，原本每天都需要服用將近二十顆藥的母親，病情竟然恢復到再也不用服藥的狀態了！

我好想知道這其中的原理。這次我要來改變自己的人生！

我抱著這個信念，花了十幾年到處搜刮書籍來逐一閱讀、參加講座，像是做自我人體實驗般反覆實踐所有技巧。我這些年來研究的心理勵志書，已多達兩千多本。

於是，我終於找出了能夠改變人生的最強技巧。

那就是「培養出幸運體質的超感謝筆記」。

超感謝筆記，是將我已經堅持寫了十五年以上的「感謝筆記」，和會引發吸引力的「願望實現法」合而爲一的方法和習慣。

從一天三分鐘開始培養寫這個筆記的習慣，人生就會逐漸發生驚人的改變。

◎人生為什麼會因為寫筆記而改變？

爲什麼只要寫感謝筆記，人生就會逐漸改變呢？

因爲，感謝筆記是培養「吸引幸運的體質」的根基。

詳情我會從第1章開始談起，簡單來說，無法順利獲得「吸引力法則」和「思考顯化」效果的人，其實是誤解了這個法則。

「吸引力」確實存在。

但如果自己什麼都不做，它就只是一種單純的宇宙自然法則罷了。

「利用吸引力法則得到自己想要的東西」，有一個正確的作法，就是**「吸引力階段」**的思維。吸引力法則是由三個階段所構成，逐一往上進階，才會發生「吸引力」。

書寫感謝筆記，會讓自己的心靈體質自然產生變化。

如此一來，就會多次發生不可思議的事情和奇蹟般的現象，就算是以往一點效果也沒有的願望實現法，也能神奇地發揮效果。

只要同時實踐寫感謝筆記的習慣和願望實現法，**任誰都可以輕易養成吸引幸運的體質，人生會出現驚人的好轉**。

而且，感謝筆記不只能實現願望、引發吸引力，還有以下效果。

- **提高自我肯定感**
- **變得很容易感受到幸福**
- **感恩之情會自然湧現，更能溫柔待人**
- **懂得喜歡自己**
- **開始有了自信**
- **不再輕易暴躁焦慮、亂發脾氣**
- **改寫自我意象**
- **改變事物的觀點，人生越來越好**

這個方法要特別推薦給想要不斷實現願望的人，以及想要突破現狀的人。

這是我花了十五年親身實證的方法。

我開始養成寫超感謝筆記的習慣後，精神上和經濟上的富裕度都有所提升，能夠以心理諮商師的身分幫助五千多人充實他們的人生，甚至還實現了期盼已久的「夫妻倆移居石垣島」的夢想。

此外，我才剛開設了YouTube頻道，轉眼間就有超過十萬人訂閱，我還體驗了很多無法一一詳述的奇蹟和吸引力，走上過去的自己從來不曾想像過的人生。

我把自己正在實踐的技巧推薦給來做心理諮商的客戶以後，親眼見證到許多人因此獲得幸福的人生。

雖然僅僅只是一部分，但請容我介紹親自實踐過這個技巧的各方人士迴響。

親身實證1

我很討厭自己，不管再怎麼努力，我都會覺得「反正我就是爛」，但是在我接受 masa 老師的指導、開始寫感謝筆記以後，才發覺其實自己在各方面都很幸福。我解開了「反正我就爛」的心結，開始學會愛自己，這樣過了一年半後……我獨立創業，開始從事幫助別人解開心結的工作。眞的非常感謝。

解開心結諮商師 Rei

親身實證2

我從小就缺乏自信心，還覺得這都是母親害的、對她懷恨在心。我曾經和母親斷絕關係，人生和愛情都不順利，人生弄得一團糟。那時，masa 老師教我願望實現法，我持續實踐以後，結果和母親和解了，彼此甚至變成可以互相說「我愛你」的關係。而且，我還辭去企業的工作，成爲一名成功的占卜師。感謝 masa 老師的願望實現法，爲我指引了幸福之路。

親身實證 3

二〇一八年，我創業失敗，人生墜落谷底，但因緣際會認識了masa老師，便開始書寫感謝筆記。當時的我，完全忽略有飯吃、有手機可用這些日常值得感恩的小事，整天抱怨個不停。幸好感謝筆記讓我的內心常常充滿感謝之情，而且值得感謝的事情彷彿雪球般越滾越多。我的工作也從此步上軌道，還搬到了石垣島居住。誠心感謝masa 老師！

塔羅占卜師 Kouju

親身實證 4

我在三十九歲以前的二十年間，總共經歷了三次憂鬱症、在家繭居三年、自殺未遂，還有離婚危機。在認識 masa 老師以前，我當了十多年全職主婦（雖然中間我兼職了三年，但月收頂多就三萬日

豆腐心靈經濟自由人 Okapiii

圓），必須靠丈夫養。自從我踏實地實踐了 masa 老師所教的願望實現法以後，結果我開始從事顧問的工作，只花了三年就開公司當老闆，年收入變成丈夫的三倍之多。

心靈支柱 Tomomin

親身實證 5

我凡事都不順利，只會埋怨自己的處境，情緒很不穩定。開始寫感謝筆記以後，才發現自己原來有多麼幸福，慚愧到淚流不止。我持續寫了大約三個月後，開始覺得「我的人生竟然這麼棒！誕生到這個世界眞是太好了！」收入也越來越多，人際關係也很好。現在我將自己最重要的ＬＧＢＴ身分特質當作武器，正在開創我心目中的理想事業。

Koochan Gay 依戀重設教練

親身實證6

我是理財絕緣體，就算創業也遠遠達不到自己的理想，覺得「我的實力就只有這樣」「我年紀也不小了，看來我真的不行啊」，處於徹底放棄人生的模式。但是多虧我有緣認識masa老師，開始寫感謝筆記後，實現願望的速度變快了，隔年是我有生以來第一次達成二六〇萬日圓的交易總額。我從自責變成懂得感恩，人生也變得更幸福，最愛的事業也進展得很順利。這全都要歸功於和masa老師的緣分。

心靈教練YUKO

一日三分鐘就能開始做的超感謝筆記，是今後就算不必再讀自我啓發書，也能透過持續的實踐和研究，達到好結果的終極簡易方法。

請大家一定要從今天開始嘗試寫超感謝筆記。

◎這本書就是「魔法筆記」

我希望大家在讀這本書時，一定要意識到：

在閱讀的過程中，只要覺得自己發現或學到了什麼，就盡量寫下來。

我最喜歡在閱讀的時候寫筆記了，所以這本書包含了一本筆記本，書中也預留了很多書寫的空間。

「務必寫下自己的心得。」

其實只要這麼做，願望就會變得更容易實現。

我會把自己的願望、夢想、心得，陸續寫在書中的空白處和問答頁上。如果方便的話，請你也一定要在空白處寫下自己的心得和夢想。

這與其說是一本書，不如說是**讓夢想陸續實現的「魔法筆記」**。

請大家想著「我要把自己的想法、矛盾、心得和夢想，統統寫下來！」並閱讀下去吧。

市面上有很多談論吸引力和願望實現技巧的書，或是傳授這些方法的講座活動。

然而照著實踐以後，效果卻不如預期。

我從邏輯的角度去分析其中的原因，然後找出究竟該怎麼做才能養成吸引幸運的體質，但願大家都能夠明白我所分析的這些技巧。

每一個人都可以吸引幸運、邁向自己理想中的人生，希望你的人生可以越來越豐富、幸福。

目次 CONTENTS

第2章 吸引力的第一階段——打造吸引力根基的「感謝筆記」

第4章 吸引力的第三階段——心想就能事成的超厲害「願望實現法」

第5章 吸引力的第零階段——改變自己的本質、讓人生好轉的方法

第1章

造就奇蹟的
「吸引幸運體質」的
祕密

thank you

只要書寫就會改變人生的感謝筆記

◎為什麼書寫就能改變人生？

我從二十七歲開始學習自我啓發和心理學，並且透過自己和諮商者的人生，來實驗我所學到的內容。

我反覆實驗了十五年以上，成果不斷顯現出來，所以才能傳授給大家。畢竟這本書講述的內容只要能夠讓我自己心悅誠服，就能讓從未透過自我啓發和吸引力法則得到成果的人，也不斷發生奇蹟。

奇蹟將會大量發生，大家可以拭目以待。而這本書著重的焦點在於自己實際動手書寫，我建議各位動手寫筆記的理由，就是：

「因爲寫筆記，是改變人生的第一步。」

接下來我就來說明這是怎麼一回事。

不只是「吸引力法則」，我也大量閱讀各式各樣的自我啓發書，除了閱讀以外，我還參加了許多講座活動。

就某種意義來說，我像是做人體實驗一樣嘗試了所有方法，幸運的是在這個過程中發生了許多堪稱奇蹟的事。

如同我在〈前言〉談到的，我現在的職業是心理諮商師，輔導過五千多名諮商者。

我有幸透過讀書改變了人生，但是某一天，我才突然驚覺：

「爲什麼有些人看了書後就改變了人生，但有些人卻沒有呢？」

原因就出在很多人**「看完書就算了」**。

有影響力的人和自我啓發領域的講師，都會強調「要開始行動」。但大多數人卻是**「道理我都懂，但就是做不到」**，所以才會煩惱不已。

萬一看完書後採取行動，發現這個技巧沒有用，那該怎麼辦？

不知道要用什麼方法比較好，怎麼辦？

內心隱約覺得自己還是辦不到，怎麼辦？

腦海中一旦掠過這些念頭，就無法付諸行動了。

沒錯，**「付諸行動」這件事太強人所難了**。

我自己也是一樣。

我讀過兩千多本心理勵志書、商務思考書、吸引力相關的書，當然不可能全都實行過，往往付諸行動卻沒有成功，嘗試挑戰卻馬上放棄，變成一事無成的講座遊民，或是悲觀地想著「結果我還是辦不到啊」。

但這樣的**我遇上了一個改變的機會**。

那就是**「書寫」**。

不知從何時開始，我將自己的心得直接寫在了書本上。

- **覺得有趣的重點**
- **一定要記下來的重點**
- **想要試試看的重點**

下一頁的照片，是我實際寫在書本上的筆記。

結果，**原本無法付諸行動的我，開始有了驚人的轉變。**

「書寫」就是「主動的行動」。書寫是將腦中的思緒輸出，是行動的第一步。

從此以後，大家可以一有心得就立刻寫下來，用這種方式繼續讀下去。只要這麼做，就不再是看完就算了，而是會伴隨著行動。

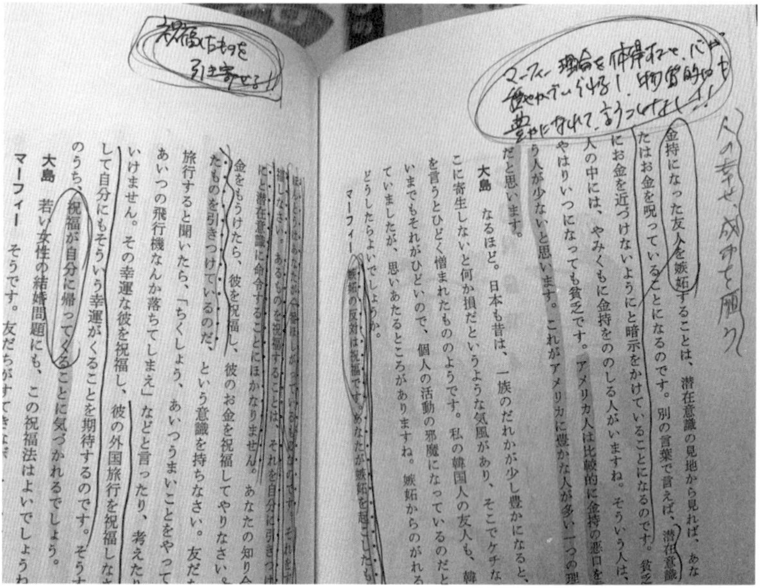

作者實際寫在書上的筆記

你的感受、你的
心思、你想要做的事，
就依照你的直覺把這些
都寫下來吧。

先放棄「逞強」心態

◎為什麼「吸引力法則」會失敗？

現在，我要來告訴大家在人生中引發奇蹟的方法。

通常會學習自我啓發和吸引力法則的人，絕大多數都是積極、認真地想要改變自己，想要改變人生的人。

這是一件非常棒的事，其中卻隱藏著**陷阱**。凡是想要快速達到目標的人，都一定會中計。

那就是**「逞強」**。

如果「想要改變人生」「想要吸引好運」，就一定要拋棄「逞強」的心態。

因爲「非改變不可」的逞強心態，會導致「急躁」。

這也是我的親身經驗。

我曾經遭到自我啓發領域的某位顧問詐騙，被騙走了兩百萬日圓。當時我正準備要自立門戶、成爲心理諮商師，因此參加了很多場講座活動。

我滿腦子都是「想改變自己！改變人生！」而衝得太快，著急地想著：「我要『立刻』改變！」

我在交流會上認識了一位博學多聞、造詣很深的人，他對我說：「你一定可以改變的。不過讓我來諮詢代辦，效率會更好。」

結果，我當場就答應貸款了。

起初我們每十天還會開一次會，但是在第四次以後，他就失去聯絡，從此下落不明。

這就是我太過急躁的下場。所以，我非常能夠體會焦慮的心情。想要獲得成果的心情固然重要，但放鬆去做更重要，其實這才是最快的捷徑。

第2章以後，我會告訴大家幾個最好能養成習慣的技巧，但希望各位**不要卯起勁急著將所有事情都養成習慣，而是先從裡面選出一件事來挑戰**。

而且，大家不要以爲這本書看完一次就夠了，請多讀幾次，至少每三個月讀一次，會更容易吸引成果出現。

因爲，**每隔一段時間閱讀，得到領悟的段落也會不同**。

只要用這種輕鬆的心態去做，就可以自然養成習慣、轉變成有吸引力的體質了。

奇蹟會自動發生的「祕密方法」

有一種自然法則叫作「吸引力法則」，這個概念和自我啓發領域裡「思考會成爲現實」的說法非常相似。

吸引力法則的意思，是自己當下的期望會吸引類似的事物。「思考會成爲現實」也是指自己內心所想的事物出現在眼前、發生在現實中。

爲什麼有些人會發生這些現象，有些人卻不會呢？

原因有很多，這裡我就來告訴大家最重要的一點。

關鍵就在於是否知道「吸引力的階段」。

老實說，光憑這句話，可能還是會有很多人聽不懂，所以接下來我會詳細說明。

吸引力，需要有個根基（前提）。

引發吸引力的機制，是呈現階梯狀。很多人做的只有吸引力最上階的部分，所以才會一無所獲。

我們無法蓋一棟沒有地基的房子，同理，沒有根基就不會產生吸引力。然而，我們也可能只會吸引到負面的事情發生。

吸引力有以下三個階段：

第一階段　奠定感恩體質的根基

第二階段　和潛意識打好關係

第三階段　實踐願望實現法

我們必須先按照順序堆砌上去才行。

實現願望需要有根基（階段）

吸引力有不同的階段
第一階段　奠定感恩體質的根基
第二階段　和潛意識打好關係
第三階段　實踐願望實現法
願望沒有實現、沒有成功吸引到好運的人，都是一開始就只有進行第三階段的「實踐願望實現法」而已。
如果沒有根基，就遲遲無法吸引到想要的事物。

來一步步爬上
可以心想事成的「吸引力階段」吧！

◎「沒有根基的吸引力」會吸引到錯誤的事物

吸引力的根基，就是「感恩體質」。

我的YouTube頻道觀眾，應該都很清楚我有多常說「謝謝」這句話。

很多心理勵志書也會強調「謝謝」和「感恩」的重要性，但是，要說有多少人眞正理解感恩的重要性，我總覺得打從心裡了解的人並不多。

爲什麼感恩體質這麼重要呢？

詳情我會在第2章介紹，簡單來說，是**因爲「吸引力」不是要吸引思考（想法．心願），而是吸引情感造成的事物**。

在吸引力法則和思考顯化當中，各位覺得平常要用什麼情緒來度日才是最重要的呢？

以沒有養成感恩體質的狀態去面對想實現的願望，就會產生渴望。倘若沒有成功，肯定還會感到失望。

只要有能夠吸引幸運的「感恩體質」作爲根基，你的內心現在應該正洋溢著幸福的「充實感」才對。

換句話說，就是**會產生正向情感吸引正向事物的「良好循環」**。

或許你會說：

「就算你說感謝很重要，但是……」

「我當然很清楚感恩有多重要啦，不過……」

「這個我知道啊，可是……」

沒錯，要在忙碌的日子裡時時刻刻懷抱著感恩，或許是件很難的事。

即使發生了令人開心的事，日復一日，也會變成理所當然。

不過沒關係，從第2章開始我會依序介紹培養感恩體質的方法。

只要擁有感謝思考‧感恩體質，就會逐漸變成吸引幸運的體質。

◎你不必追求樂觀

當自己有了變化，對事物的觀點和解讀也會隨之變化，最終就會覺得現實改變了。

前面提到我被詐騙了兩百萬，光看這個事實，可能會讓人很難用樂觀的角度去解讀。我卻因爲自身的變化，發現詐騙的經驗突顯了我在改變自己這件事上，需要避免逞強和急躁。

而且我也可以用這件事舉例，告訴大家這是不良示範，我覺得這樣很棒（笑）。

就像這樣，**擁有吸引幸運體質的人，可以用正向的角度來解釋乍看之下負面的經驗**。

即便不是像詐騙這麼大的事，例如被上司臭罵時，以往你可能會私底下發牢騷；但是變成吸引幸運的體質以後，你就會開始**常常滿懷感激**，心想：

「有人罵，表示我還有救吧。」

「他是爲我著想，才會指責我。」

簡單來說，大概就是擁有天眞無邪的心靈吧（笑）。不管遇到什麼事，都可以往好的方向解讀、讓自己接受。

但這與成爲樂觀主義者是兩回事。我用天氣來比喩：樂觀主義者往往會希望每天都放晴，覺得下雨是最糟糕的事。

晴天＝○，陰天＝△，雨天＝×

他們往往會像這樣做出極端的判斷。

容易產生負面想法的人也是一樣，總是埋怨雨天或陰天，一旦放晴了又很容易疲累、想著反正我不適合攤在耀眼的陽光下……

另一方面，擁有吸引幸運體質的人，則是會想著「不管是晴天、陰

天，還是雨天都很好」。

我居住的石垣島，在陰天十分涼爽舒適，而在雨天欣賞大自然，會發現植物和農作物都很開心的樣子。

站在人類的角度看，雨天的確是很麻煩；但是從世界的角度來看，雨也是非常重要的要素。

不論遇到什麼狀況都覺得很好的心態。

以往覺得很討厭的事，也變得不在意了。

這就是**「吸引幸運的體質」的特徵**。

只要養成這種體質，普通的日常就會讓人覺得幸福洋溢，變得越來越富足了吧。

爬上能改變人生的「吸引力階段」吧！

要養成吸引富足的幸運體質，只要用以下三個階段作爲關鍵，就能透過自己的經驗來實際驗證。

第一階段　奠定感恩體質的根基

第二階段　和潛意識打好關係

第三階段　實踐願望實現法

大家就循序漸進、一階階爬上去吧。在前方等著你的，會是不停引發各種奇蹟的幸運體質。

在第2章到第4章，我會解說這三個階段的內容，同時傳授實踐的方法。如果各位能夠精通其中任何一個方法，肯定就能打開一扇改變人生的大門。

此外，在本書的開頭也提到，請大家在閱讀這本書的過程中，要隨時將自己的發現、學習心得、從今天要開始採取的行動，全部都寫下來。

急於追求成果，導致自己過度渴望「再快一點！」吸引力就不會發生作用，主要原因就在於「感恩體質」的根基並沒有扎穩。

只要養成維持感恩體質所需要的習慣力，以及實現願望的瞬間爆發力，就能成爲「吸引幸運的體質」。

只要養成感恩體質，幸福和富足就會不斷被你吸引過來喔。

我們就先來一起學習培養感恩體質的技巧，作爲吸引力的根基吧。

「吸引力階段」的三個步驟

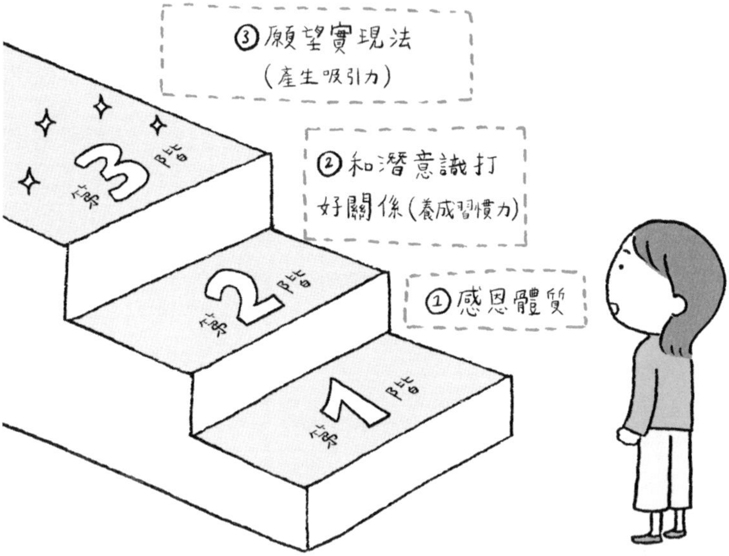

要培養感恩體質。
了解自己的潛意識、和它打好關係，養成習慣力。
這兩個根基完成後，吸引力法則等願望實現法才能發揮效果。

一階階往上爬，就會產生吸引力

第1章 重點整理

①寫筆記，是改變人生的第一步

②吸引力有三個階段

1．奠定感恩體質的根基

2．和潛意識打好關係

3．實踐願望實現法

③養成感恩體質，奇蹟就會開始陸續發生

請寫下你在第1章的心得。

第2章

吸引力的第一階段

打造吸引力根基的「感謝筆記」

願望實現法

和潛意識打好關係

感恩體質

thank you

少了「根基」，無法有正向吸引力

各位平常是否會意識到「值得感謝的事」呢？

如果是我的諮商者和YouTube影片觀眾，都會聽我一直說「感謝、感謝」，所以應該都能理解感謝的重要吧。

但放眼整個社會，我經常覺得大家的感謝並沒有表現出來。

比方說，我們在咖啡廳會聽到隔壁桌的客人對話，但內容大多是抱怨、負面的八卦消息吧。

包含大眾媒體在內，社會上的資訊有95％都是負面消息。實際上打開電視看看，絕大多數的新聞，都是殺人案件、災害、世界某處發生的恐攻事件、明星外遇等會引發難過、憤怒等情感的負面報導。

如果人們從早就一直接收這些消息，就會陷入**負面的洗腦狀態**：

「這世界怎麼這麼恐怖。」

維持這種悲觀的狀態搭上客滿的公車、捷運，爲了不喜歡的工作趕去上班，和討厭的上司和同事度過一整天，在下班尖峰客滿的車廂裡被踩到腳，精疲力盡地回到家……應該有人正處於這種負面的循環吧。

這樣的話，在難得的休息時間和假日，會滿口牢騷也是很正常的事。實際上，連感謝的「感」都講不出來也說不定。

如果說，感謝可以左右吸引奇蹟的力量，那會怎麼樣呢？

◎不是「思考顯化」，而是「情感顯化」

成功哲學的第一把交椅拿破崙．希爾（Napoleon Hill）說過「思考會成爲現實」，這句話非常有名吧。學過自我啓發和吸引力法則的人，一定都聽過這句話。

思考的顯化，一般來說就是「腦中所想的、思考的事會變成現實」的意思。舉個簡單的例子，若是滿腦子想著「萬一失敗怎麼辦」，現實中就會失敗，反之只要思考「成功」就會成功。

那實際情況究竟是如何呢？

照理說只要想著「我要那個」「我要成功」「我要幸福」，應該就會成為現實才對，結果根本就沒有實現、沒有變成現實……很多人都是因此陷入負面迴圈裡，還會覺得什麼思考變成現實都是假的。

不過，我覺得很多人都誤解了那句話的眞正含義。

其實，我們要做的不是「讓思考成為現實」。

會成為現實的不是思考，而是「情感」。

根據我自己的經驗、閱讀兩千多本各種心理勵志書、靈性相關的刊物，不停反覆實驗後，結果發現：

「是我的情感會吸引事情發生。」

這才是正確的解釋。

是「萬一失敗怎麼辦」的不安情緒，把會造成失敗的狀態（事情）吸引了過來。

◎正向的情感，會吸引正向的事情發生

吸引力法則也適用於相同的道理。並不是自己在腦海裡想像要吸引的事物，就能吸引它過來，而是正向的情感會吸引正向的事情發生。

所以，我們需要將自己的情感保持在正向的狀態。

那，什麼叫作正向的情感呢？

那就是**「充實．幸福．安心」**。

不是想著「我要那個」「我要這個」，而是仔細回味自己當下已經擁有的幸福。

「我好幸福喔。」

「我好開心啊。」

「眞値得感謝。」

讓自己充滿這些正向樂觀的情感，是產生正向吸引力的基礎。只要抱持這些情感，人就會處於懂得感謝的心理狀態。學會感恩，就會開始產生正向的吸引力。

我這麼寫或許看起來還是很抽象、不著邊際，那麼就請大家實際想像一下。

- **內心總是充滿感謝，看起來很快樂、情緒穩定的人**
- **總是負面思考、焦慮急躁，一直有所渴望的人**

假設有這兩種人，你覺得哪一位比較會發生好事呢？

還有，假設你需要引薦某個人，或是介紹好工作給別人，你會選擇找哪一位呢？

「將思考化為現實」的實情

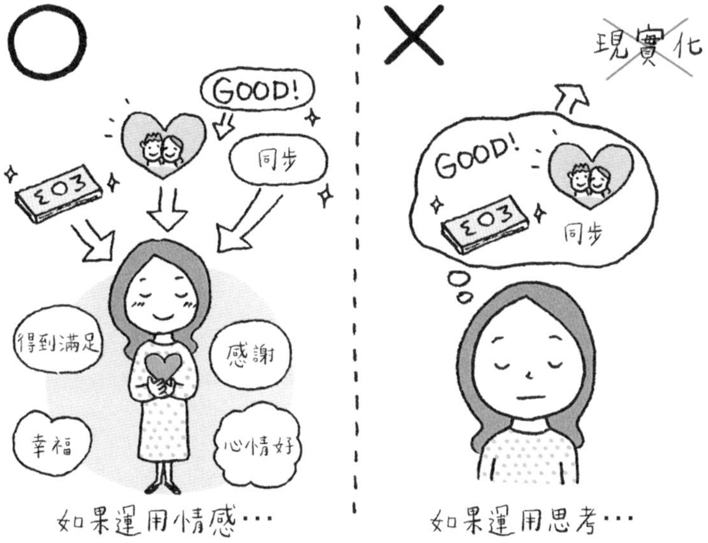

吸引力並不是「在腦子裡想要」就會化為現實。
正確來說，是「情感會吸引事情發生」。
如果想要「幸福的事情」發生，
懷抱幸福的情感和滿足的情感才是最重要的。

不是「思考」，
而是「情感」會吸引事情發生

當然會選擇前者「內心總是充滿感謝，看起來很快樂、情緒穩定的人」吧。

吸引力也會帶來彷彿奇蹟般的神奇事情，不過大多數的情況下，都是透過別人來到你的面前。

你是不是一個讓人有什麼好事就想告訴你、有什麼東西就想送給你、想讓你快樂的人，這一點非常重要。

也就是說，總是讓內心充滿正向的情感、對周遭心懷感恩的人，在物理的現實上也比較容易產生正向的吸引力。

爲了成爲這樣的人，最重要的是察覺自己已經獲得滿足的情感、已經非常富足的事實。

當然，我並不是要大家「不能有欲望」「別渴望任何事」。

關於欲望，我會在第4章詳細談論，總之如果能夠站在感謝的根基上，「想要」的欲望是非常棒的事。

先建立感謝的根基，再有欲望，這就是獲得幸運的步驟。

只要建立好感謝的根基，就等於是培養好「感恩體質」了。

那麼，實際上該如何培養出感恩體質呢？

◎拯救絕望人生的感謝力

我是透過自身的經驗和實驗，察覺到**「感謝才是正向吸引力的根基」**。

本書的開頭也稍微提了一下，我在二十幾歲時是打工族，同時貼身照顧需要定期回診身心內科的母親，就這樣過了兩年半。

當時，我覺得人生沒有任何價值，不明白生存的意義，內心充滿了絕望。

「爲什麼我的人生會是這樣？」

「我又沒有給任何人添麻煩，爲何我的人生會這樣一團糟？」

正向的情感，會吸引正向的事情

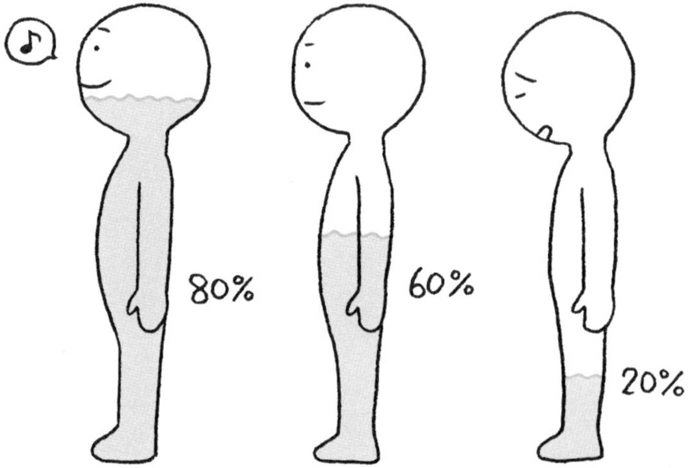

充實感80%
渴望感20%

充實感60%
渴望感40%

充實感20%
渴望感80%

內心充滿越多「好感激」「好幸福」的充實感・幸福感的人，
越會發生幸福的事和滿足的事。
反之，心裡充滿越多渴望的人，
越容易吸引到「還不夠」「好想要」的現實。

關鍵在於內心充滿充實感・幸福感

我這麼想著，幾乎放棄了自己的人生。

這時，我偶然走進的一家書店裡，發現了齋藤一人的書，書裡寫著這麼一句話：

「各位可以試試每天說一千次天堂般的話語，當作百日的修行，這樣奇蹟一定會發生。」

當時的我覺得這實在有點唬人，但我已經是病急亂投醫了，所以就下定決心相信他。

我拿出記事本，在從那天開始往後數一百天的日期上做記號，用簡直就像是百次參拜的心情，開始實踐這個自證預言。

結果，我開始自證預言的九十天後，母親奇蹟般地變得很有精神。這時我才發覺「自我啓發眞厲害」，便一頭栽進相關書籍和講座活動裡。

我還會特別搜括齋藤一人、小林正觀、約瑟夫．墨菲（Joseph Murphy）的著作來讀。

但是，不管我努力嘗試多少種吸引力法則和願望實現法，在發生了母親康復的僥倖好運之後，我所做的全都是一場徒勞。我學得越多，那些知識和資訊就讓我越混亂，我一心一意只想趕快收獲成果，結果就遇到詐騙了。

此時，我試著分析自己急於獲得結果而逞強的情感。

於是我發掘出來的，全都是——

「急急忙忙、慌慌張張、迷迷糊糊」這些感覺很差勁的情緒。

我才發現這樣一來，我豈不就會和同樣感覺很差勁的事情共鳴，然後把它們吸引過來了嗎？所以我才會諸事不順吧。

「別讓自己處在不舒服的情緒裡。」

我切換了方向，重新將齋藤一人和小林正觀傳遞的內容抄寫在紙上，因此我有了新的發現：

「如果沒有感謝的根基，就不會吸引好事發生。」

我終於明白，「感謝」才是讓自己在良好的狀態下、擁有舒適情緒的必備心態。

◎不是「獲得」幸福，而是「察覺」幸福

我用自己的方式，綜合了小林正觀和齋藤一人的教誨，爲了培育出總是滿懷感謝的自己，我發明出的技巧就是「感謝筆記」。

當我實際開始書寫感謝筆記以後，精神狀態便逐漸轉變成——

「雖然我還是會想要幸福，但我已經很幸福了。」

這也和小林正觀教導大家的**「所謂的幸福不是要去『獲得』，而是去『察覺』」**相通。

我透過感謝讓自己察覺了幸福，原本絕望的人生頓時搖身一變，我自

立門戶成爲心理諮商師，得到許多諮商者的委託，生活也逐漸好轉了。

我開始寫感謝筆記已經超過十五年，現在依然過著不時能夠吸引到幸運的日子。

我在〈前言〉也談到，除了我本身以外，我也會建議諮商者寫感謝筆記本，結果大家的變化都如實地顯現了出來。

我發現，寫感謝筆記是塑造感恩體質、吸引幸運的最佳方法。

不過，我也不是打從一開始就覺得感謝很重要，所以我才會在剛開始學習的前半年白忙一場。

齋藤一人和小林正觀都在著作裡談到很多「感謝」，但我並沒有實際體會到它的重要性。

因爲，在開始感謝平凡的日常以前，我的內心依然感受到「渴望」和「匱乏」。

但是，在我開始寫感謝筆記後，我慢慢變得會用感謝的心情，面對

「以往覺得理所當然而忽略的事」。

「這眞値得感謝。」

「我眞的好幸福喔。」

我發現，**自己的內心總是十分滿足**。

如果要爲這個感覺命名，那就是**「充實感」**吧。

我不再注意自己缺少了什麼，而是察覺自己已經非常幸福的事實。

重點就在於這個體會。

即使看到「感恩很重要」「感謝很重要」這些字眼，即使頭腦可以理解，但光是這樣根本沒有意義。

想向某人傳達感謝之情、體會到自己「眞的很感謝」「好幸福喔」，**這才是吸引力的泉源**。

那麼，接下來我就來介紹感謝筆記的書寫方法吧。

請大家一定要實踐看看。

實踐！感謝筆記的書寫步驟

◎步驟1：準備筆記本

一開始可先以本書隨附的筆記本書寫。

由於這是需要持續寫下去的東西，日後你可選擇用起來順手的筆記本，或是卯起勁買一本上百元、有點高級的筆記本也行。請大家一定要找一本自己喜歡的筆記本，當作專用的感謝筆記。

一本寫完以後，再買同一款的新筆記本……我就是這樣反覆持續了十五年。

◎步驟2：每天寫出十件感謝的事

基本的書寫規則如下，非常簡單。

在當天晚上，條列式寫下今天讓你覺得「好感謝」的事。

在當天晚上，用條列的方式寫下十件讓你覺得「好感謝」「好幸福」的事（晚上寫是最理想的，不過早上或中午寫都無妨）。

十件只是一個目標，如果只能寫出五件，那也沒關係。

各位最好每天持續寫下去，只要習慣以後，大約三分鐘就能寫完了。

重點在於寫到感謝之情不斷湧現。我建議的方法是，在寫完一件事的最後加上「謝謝！」只要這樣寫，感謝之情就會源源不絕（如果空間不夠，省略也沒關係）。

下一頁是我實際寫的部分筆記本內容。大家看了以後，應該就能想像怎麼寫了（但未必一定要按照我的例子來寫）。

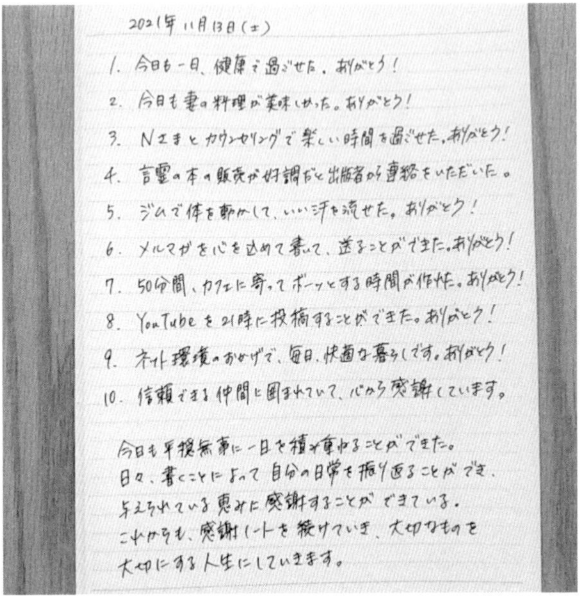
2021年11月13日(土)

1. 今日も一日、健康で過ごせた。ありがとう!
2. 今日も妻の料理が美味しかった。ありがとう!
3. Nさまとカウンセリングで楽しい時間を過ごせた。ありがとう!
4. 言霊の本の販売が好調だと出版社から連絡をいただいた。
5. ジムで体を動かして、いい汗を流せた。ありがとう!
6. メルマガを心を込めて書いて、送ることができた。ありがとう!
7. 50分間、カフェに寄ってボーッとする時間が作れた。ありがとう!
8. YouTubeを21時に投稿することができた。ありがとう!
9. ネット環境のおかげで、毎日、快適な暮らしです。ありがとう!
10. 信頼できる仲間に囲まれていて、心から感謝しています。

今日も平穏無事に一日を積み重ねることができた。
日々、書くことによって自分の日常を振り返ることができ、
与えられている恵みに感謝することができている。
これからも、感謝ノートを続けていき、大切なものを
大切にする人生にしていきます。

作者實際寫的筆記

1.今天也很健康平安，謝謝！
2.今天老婆煮的飯菜很好吃，謝謝！
3.和N先生度過愉快的諮商時間，謝謝！
4.感恩出版社通知，自證預言的書賣得很好。
5.在健身房運動，暢快地流了一身汗，謝謝！
6.用心寫好電子雜誌並寄出了，謝謝！
7.在咖啡店發呆50分鐘，謝謝！
8.晚上9點完成YouTube影片上傳，謝謝！
9.網路很順暢，每天都過得很舒適，謝謝！
10.身邊的伙伴都很值得信賴，我打從心底感謝!

今天也平安度過一天。每天透過寫感謝筆記，回顧自己的日常，才得以感謝自己所蒙受的恩惠。今後我也要繼續寫感謝筆記，度過珍惜寶貴人事物的人生。

或許會有人這麼想：

「可以寫這麼理所當然的事情嗎？」

就是能察覺理所當然的事才好，我們平凡地過完一天，有意識地覺得「好感謝」的事，或許少到根本連數都不用數。

所謂的「感謝」，就是察覺已經變成常態的事。

「我的伴侶會微笑著陪我。」

「今天也無病無痛地過完一天了。」

「我有家可歸。」

「孩子都很有活力。」

第一步就是要發現這種理所當然的幸福和感謝。

我再來舉一些例子吧。

【書寫範例】

＊有三餐可以吃

＊孩子們今天也都很有活力

＊眞高興我有個舒適的家

＊多虧智慧型手機很方便，才能節省時間

＊幸好有網路，我才能查詢自己不懂的資訊

＊腳踏車沒有爆胎，讓我安全抵達目的地了

＊可以活在沒有戰爭的和平之地

＊身體狀況很好，還可以工作

＊今天也喝到香醇的咖啡

＊今天看的 YouTube 影片讓我學到很多……

就算是這麼理所當然的事，一旦寫成文字以後，「感謝」的心情一定會油然而生。

寫理所當然的事就好。如果這個世界沒有手機和網路，我們的生活會非常不方便吧。有房子才能擋風遮雨，況且如果無法健康地工作，就住不起房子，也吃不起飯了吧。

在習慣寫出十件事以前，各位可以先試著寫出平常極爲普通的感謝之情。等到稍微習慣了以後，再從當天發生的事情中，選出值得感謝的事來寫，像是：

＊上司對我說了某句好話

＊超商店員笑著跟我打了招呼

雖然書寫的基準是十件事，不過剛開始嘗試的人，就算是寫一件、寫三件都沒關係，可以寫出來就很棒了！

等到慢慢習慣以後，就能流暢地寫出十件以上了，而且還會覺得「我以前都覺得這些沒什麼，但現在想來眞的很感謝」，開始**自然而然產生感謝之情**。

◎步驟3：沉浸在感恩的美好情緒中

寫感謝筆記最理想的時機，是在晚上就寢以前。

寫出自己的感謝，腦袋就會轉換成感謝思考，內心會變得很充實。用這種心情入睡的話，**「我有這麼多事情可以感謝，這一瞬間的我已經很幸福了。」**

這股心思就會逐漸滲透到潛意識裡。

當我們睡著以後，顯意識會進入休眠狀態，直到甦醒以前的時間，都是由潛意識主宰。將充實感刻進潛意識裡，就能夠吸引到令人滿足的事情。

如果在就寢前你已經精疲力盡、沒有力氣寫東西了，也可以改成早上起床後、中午休息時、有空的時間再寫也沒問題。什麼時候寫都可以，養成「在固定的時間寫感謝筆記」的習慣吧。

用「充實感」和「渴望」改變吸引力

我在開始寫感謝筆記以前，總是想著：

「我想更○○一點。」

「我好想要那個。」

這些追求某些事物的情緒占據了我的心。

換句話說，這就是「渴望」，應該也可以稱之爲「不足感」「缺乏感」吧。

比方說，我們來看下面這種思考隱藏了什麼樣的渴望呢。

「我想要幸福。」

↓

「我現在很不幸，所以才想要幸福。」「我討厭這種人生。」

「我想要一個完美的伴侶。」

←**「單身好寂寞，所以才想要伴侶。」「我討厭現在的伴侶。」**

「我想變得有錢。」

←**「我現在很窮，所以才想要錢。」「這個月的花費也好多……」**

這些願望的背後，都隱藏著「另一句話」。也許可以說，「願望背後的情感就是渴望」吧。

這種尚未獲得滿足的情感，會繼續吸引無法令人滿足的現實，所以才會一直這麼不幸，還找不到伴侶，也賺不到錢。

當一個人還保持著「我某方面還不夠好」「我想要某某事物」的心態，就會永遠一直吸引令自己產生渴望的事情。

不過，我們畢竟是人類，所以產生「渴望」的情緒是很自然的事。

齋藤一人先生說過，**「人類的欲望是神明給的」**。因爲有渴望，人才會想要努力，欲望也可能是一股原動力。

而小林正觀先生則說過，**「有欲望和夢想，人生才會痛苦」**。因爲渴望和現實的落差太大，所以才會感到痛苦。

大家讀到這些話時，或許會覺得莫名其妙……究竟誰說的才對啊？

我當初也是陷入這個瓶頸。

那時我正好開始寫感謝筆記，於是慢慢得到了答案。

答案就是**「只要有因感謝而產生的『充實感』，就會有『欲望』」**。要把幸運吸引過來，這個順序非常重要。

大家剛開始寫感謝筆記時，應該都會覺得很困惑，思考著「今天有發生什麼事或値得感謝的事嗎？」在記憶深處摸索、設法找出可以寫的事情，陸續寫下去。

當然，你一定也有「沒有發自內心覺得『感謝』」的事，這種狀況很常見。

不過，就是這樣才好。

開始寫感謝筆記幾天後，你就會開始發生某種變化了。你會開始尋找平常值得感謝的事，**意識慢慢轉向以前都會直接忽略的小小幸福和感謝**。

「某某對我說了早安。」

「我上班沒有遲到。」

「午餐也很好吃。」

有些事會讓你自然地覺得「啊，幸好有這件事」、產生感謝之情，也有些事會讓你因爲能寫進感謝筆記裡而感到開心吧。不管是哪一種都很好。**重要的是意識要專注在感謝之上。**

當你持續寫感謝筆記，習慣了每天感恩和尋找幸福以後，就會開始感謝一些眞的很微不足道的小事。

先感到「充實」，再有願望．欲求

有欲望和願望也沒關係。
但是，沒有充實感作為根基的欲求，會變成單純的渴望。
將透過感謝油然而生的「充實感」作為根基，再擁有願望和欲求，會更容易激發正向的吸引力。

你可以盡量貪心

「我面前的這碗白飯，也是農夫拚命種出來的，感謝。」

「我現在能夠過得這麼好，都要多虧生育我的父母。」

「眞慶幸我現在工作可以這麼能幹，好幸福。」

你會像這樣，漸漸變得滿懷感謝。這就是感恩體質。

◎潛意識的幸福搜尋開關

不管腦袋裡再怎麼想著「我要感謝各種事情」「我要發現自己現在有多富足」，但人的意識並沒有那麼簡單就能改變。所以有些人看完書以後，還是一成不變。

人的思想如果不是從小就由父母教育培養，就沒有那麼容易扎根。

不管我們再怎麼覺得「這個很重要」「一定要記住」，但幾秒鐘後又會開始思考其他事情。很遺憾，人類就是如此。

書寫感謝筆記，就是打開「潛意識裡尋找幸福」的開關。

潛意識就像是在背景執行的應用程式一樣，一旦開啓程式，它就會一直自動運作。**即使不去管它，它也會在腦內自動運轉、收集「現在的富足」「感謝」的資訊**。

當你寫了幾天後，應該就能感受到變化了，只要繼續堅持下去，自己的潛意識就會逐漸改變。

我寫感謝筆記的習慣，已經持續十五年以上了。

當你已經培養出感謝思考後，只要持之以恆，感謝對你來說就會變成理所當然的思維，性格也會隨之轉變。

簡單來說，這就是感恩體質。

當然，並不是培養出感恩體質以後，就不會再出現「想要這個」「想要那個」的渴望，或是欲望徹底消失。

而是**感到不安與不足的情緒會逐漸淡化，孕育出心靈的平靜。**同時，你會明白自己現在很滿足、可以意識到這分滿足。

這個狀態、這股情緒很重要，它會慢慢奠定引發正向循環的基礎。

◎用感謝筆記就能培養出「吸引幸運的體質」

我本身在建立寫感謝筆記的習慣時，有好幾次都發生了不可思議的事、同步的巧合，以及夢境成眞。所以，我才會持續寫了十五年，至今依然繼續書寫。

當然除了我自己以外，也有很多被我推薦去寫感謝筆記的諮商者，回饋說他們都體驗到了吸引的力量。

所以，請大家一定要嘗試。

打從我們懂事以來，雙親、祖父母、幼稚園和托兒所的老師，應該都會教育我們「要記得說『謝謝』」。

你肯定也是從小就被教育過感謝有多麼重要吧。

孩提時期被教育過的事，即使我們不特別去注意它，它也會刻進我們的內心深處。不論是什麼樣的人，原本都擁有一顆懂得感恩的心。

所以，大家要培養寫感謝筆記的習慣、作爲吸引幸運的根基，找回自己的感謝力，然後更進一步向上提升。

我在這一章的結尾準備了一項功課。

請各位現在就在這本書上，寫出感謝的第一件事，也可以寫在隨書的筆記本上。

現在開始回顧你過去二十四小時以內發生過的事，找出你覺得「值得感謝」和「眞的很高興」的事，盡可能寫出十件事來。倘若實在湊不出十件，寫三件也沒有關係。

請大家放鬆呼吸，稍微回顧一下自己過去的二十四小時吧。

功課

感謝筆記

回顧過去二十四小時以內發生過的事，寫出你覺得「值得感謝」和「真的很高興」的事。

□ □ □ □ □ □ □ □ □ □ □ □

第2章 重點整理

①並不是思考成為現實，而是「情感」成為現實

②安心・充實・幸福or渴望・不足・缺乏

③養成寫感謝筆記的習慣吧

請寫下你在第2章的心得。

第3章

吸引力的第二階段

養成習慣力
「和潛意識打好關係的方法」

願望實現法

和潛意識打好關係

感恩體質

thank you

和「潛意識」打好關係，人生自由自在

用感謝筆記開始建立「感恩的基礎」後，就可以進入下一個步驟了。**下一個階段，就是「和潛意識打好關係」**。

要讓人生開始好轉，必須先了解潛意識的運作原理。接下來，再和潛意識這「另一股意識」打好關係，就能夠：

- **養成可以持續好習慣的「習慣力」**
- **養成會使好事發生的「行動力」**
- **不會再被負面情緒控制、不隨之起舞**
- **它會一步步帶領你達成目標和想要吸引的事物**
- **改變對自己的印象和認識、提高自我肯定感**

這就是第二個階段的內容。

或許會有人說「我早就知道有潛意識了」。

但是，這也是一個很重要的重點，**「知道」和「做到」的結果完全不一樣。**講白一點，看書學習並不是僅止於「知道」就好，這就跟我在第1章提過的「書不是看完就算了」是一樣的道理。

重要的並不是「知道」潛意識。「知道」潛意識，就好比讀書只讀前十頁一樣。

了解其中的機制、活用它、和它打好關係，這才是理所當然的事。

可能有些人早就已經和自己的潛意識變成死黨了，不過我希望這些人務必試試看我實踐過的方法，以及藉此養成習慣力的方法。

◎潛意識就是「另一個你」

學習心理學和自我啓發領域的知識時，必定會遇到「潛意識」這個詞。

應該很多人都知道這個概念，不過我還是簡單說明一下。

我們人類的意識，可以分成「顯意識」「潛意識」和「超意識（集體的無意識）」這些層次。

顯意識名副其實，是指「顯現在表面」的意識。

換句話說，就是我們平常正在「意識」的意識。

而潛意識，是指「潛藏在」我們內心的意識。

也就是不會意識到的意識。

超意識，則是比潛意識更深層的潛在意識。

這裡我們要討論顯意識和潛意識這兩個分層。

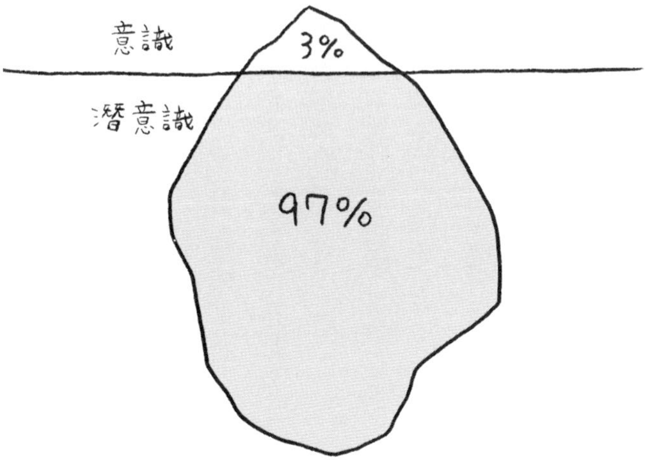

我們會意識到的顯意識，在意識的分層中僅占約3％；相較之下，潛意識卻占了多達97％。

所以，我們的人生絕大部分都是由潛意識所構成的。

到這裡，都是屬於比較普遍的解釋。事實上，應該也有很多人「早就知道」或「多少聽說過」這些知識。

那麼，我們就來更深入一點探索「潛意識」吧。

可能有些人在聽到「潛意識占了97％」「潛意識幾乎主導了自己

的人生」這些話以後，還是沒什麼概念吧。那我就再講得更簡單一點。

「潛意識，就是另一個你。」

寫過許多著作探討潛意識的心理治療師石井裕之，將潛意識視爲「另一個自己」。這個比喻非常好懂吧。

換言之，我們的內在都有一個總是如影隨形的「另一個自己」，這個自己就是潛意識。

我在讀這本書時，還以爲「因爲這是自己的意識，才會這樣比喻吧」，但在我親自研究潛意識、以心理諮商師的身分逐步展開活動以後，才更深切地確定這個表現其來有自。

所謂的潛意識，就是「另一個你」。

明明是「想做的事」卻猶豫不決，明明很喜歡卻表現得很討厭，明明很興奮卻又害怕起來，應該每個人都有過這種經驗吧。

當然，這並不全都是來自潛意識的作用，但仍然有不小的比例是受到潛意識「另一個你」的影響。

- 害怕新的挑戰，想要放棄

- 自己下定決心要去做，但隔天卻放棄了

這些事都是**「潛意識（另一個你）」爲了保護你所做的反應**。

這樣說或許會讓人擔心「我的內在怎麼會有另一個自己？」但這並不是什麼多重人格的現象，不必擔心。

潛意識就是你自己，它永遠都是你的夥伴。

各位大可**把「另一個你」，想像成是神派來的使者**就好了。

你內在的另一個自己，是神特地派來的，他會無時無刻守護著你，幫助你邁向富足幸福的人生。

◎潛意識不會區分「自己和他人」

若要和潛意識打好關係，最好要先了解「另一個你」的特徵。

其中一個特徵，就是**「潛意識沒有主詞」**。

潛意識無法理解「我」「你」「那個人」這些主詞。

換句話說，就是「潛意識無法區分他人和自己」。

所以，祝別人幸福，就等於是祝自己幸福；反之，批評別人，就等於是指責自己。說別人壞話或埋怨對方，就相當於說自己壞話、埋怨自己。

當我們了解潛意識的這個特徵以後，就不會再隨意抱怨和發牢騷。總之，就是會變得說不出口了。

只要習慣感謝對方、祝福對方，就能吸引會讓自己感謝的事情發生。

除此之外，潛意識還有很特別的其他特徵。各位一定要先知道這個特徵，再跟它培養交情喔。

潛意識就是「另一個你」

〈潛意識的特徵〉

- 擁有比「意識」更強大的力量
- 會為了保護你而作用
- 無法區分他人和自己
- 無法區分現實和想像
- 潛意識可以透過反覆銘印的方式改寫

和潛意識打好關係吧

「潛意識×習慣化」的祕密

前面舉出和潛意識打好關係的五個好處，第一個是：

・養成可以持續好習慣的「習慣力」

我可以很篤定地告訴你，「習慣化」是在人生中激發正向吸引力最重要的一個因素。

因為**所謂的習慣，就是在人生中占了絕大部分的無意識行為模式**。

只要能在生活中培養出好的習慣，從此以後就會變得像是「刷牙」一樣，即使不去想它、不必努力做，也會一直受到良好的影響。

閱讀、運動、肌肉訓練、減肥、寫部落格、發表影片、寫感謝筆記……不論做哪一件事，都是如此。

你具備什麼樣的習慣、養成新的好習慣，都會大幅改變你往後的人生。

實際上，原本書看完就算了的人，能夠邁向「看完書以後開始做出一項行動」的步驟是最好的，往後持之以恆也很重要。

做出一項行動，進而養成一個良好的習慣。**良好習慣的ＣＰ值是最高的，它是一種可以改變自己和人生的方法。**

也就是說，「改變習慣」和「人生轉變」具有相同的意義。

在建立良好的習慣上（同時也是爲了改掉不良習慣），最重要的是了解潛意識，和它打好關係。後續我會再詳細地介紹。

◎「堅持」之所以很難的真正原因

我自認爲是「習慣化的專家」。

我已經養成了凡是決定要做的事，就會堅持到底的習慣。

我的自證預言（常說好話）和寫感謝筆記的習慣，已經持續十五年以上。而且，在我決定要寫部落格、發行電子雜誌、開設推特和YouTube帳號後，也一直持續經營到現在。

所幸有這些習慣，我的YouTube頻道訂閱人數在二〇二一年十二月時已經超過十一萬人，推特的追蹤者也增長到兩萬七千人。但無論有沒有這些成果，我最大的感受，就是自己學會持之以恆了。

爲什麼我敢自誇是「習慣化的專家」呢？

因爲我很熟悉潛意識的運作機制和習慣化的原理。

因此，我不用費盡千辛萬苦，就能養成各種良好的習慣。

很難養成習慣的人，都有一個共通的藉口。

那就是**「我知道，可是……」**。

「我知道吸菸有害健康，最好還是戒掉，可是……」

「我知道如果想在夏天以前瘦三公斤，最好不要吃蛋糕，可是……」

這簡直就像是老歌〈斯答拉小調〉的歌詞「道理我都懂，但就是改不掉」的狀態。所以，我就將這個狀態命名爲**「斯答拉現象」**（笑）。

無論如何，就盡量去挑戰新事物吧。決定好目標和期限以後，就動起來吧。只要這樣持續一年，人生一定會更好。好吧！就從今天開始……然而即使卯足了幹勁，最多也只撐了三天。果然這次也是三分鐘熱度啊——你是不是也有這種經驗呢？

你是不是覺得老是三分鐘熱度、無法養成習慣的自己，很沒用呢？

就我所知，絕大多數的行動都會變成三分鐘熱度。

這一點也不奇怪。

因爲其中的祕密就在於**沒有理解潛意識的機制**。只要理解潛意識，就能徹底擺脫三分鐘熱度、一直堅持到達到目標爲止。

就算是每次挑戰都無法持久的人，也沒有問題！

只要了解潛意識的運作機制，人人都可以學會習慣化。

潛意識會優先考慮「維持現狀」

我來解釋一下成爲習慣化大師以前，需要先理解的潛意識機制。
首先舉個簡單好懂的例子吧。

大家的正常體溫都是幾度呢？

我想大多數人都是三十六度多吧。
如果今天早上的體溫是三十六度，只要沒有感冒，明天、後天大概也都會是三十六度多吧。根本不可能出現昨天很熱所以體溫三十九度、今天很涼所以是三十五度這些現象。
這個世界上，恐怕沒有人可以靠自己的意志來保持固定的體溫。
那又是誰在幫我們調節體溫呢？

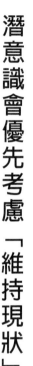

答案是人體的「體內平衡（恆定性）」功能負責調節的。

體溫若是隨著外界的空氣上下變動，身體就會出問題，所以我們覺得熱時，身體會流汗以降低體溫；覺得冷時，身體會起雞皮疙瘩來調節熱度。

不論外在的環境變化或體內的環境變化，體溫和免疫力等維持生命必備的功能，都會半自動式地保持穩定。

在意識的層次上，也有相同的東西發生作用。

那就是潛意識的「維持現狀功能」，稱作「維持現狀機制」「維持現狀系統」。

換句話說，潛意識的維持現狀機制，相當於試圖維持「你目前的狀態」的功能。

◎想要改變的「你」，對上不想改變的「潛意識」

潛意識的願望，就是繼續保持你目前的狀態。

反過來說，潛意識抗拒急劇的變化。因爲急劇的變化可能會威脅到生命的維持，所以才會「抗拒」變化。

即使顯意識期望「改變」，潛意識卻會期望「不要改變，保持現在的你就好」。所以，就算你想改變，有時候卻改變不了。

一旦明白這個原理之後，應該就能理解「想要改變卻改變不了」「道理我都懂，但就是撐不下去」這些狀況，都是因爲潛意識的維持現狀機制發揮作用的緣故。

也就是說，**習慣化的最大阻礙，就是潛意識裡維持現狀的作用**。

正如同剛才說過的，**想要改變的「你（顯意識）」只有3％，不想改變的「潛意識」卻有97％。於是，贏家往往都是潛意識**。

很多來找我諮詢的人，都會自責：

「我不管做什麼事都無法堅持下去，很沒用。」

「我連三天都撐不下去，眞的很廢吧。」

各位讀者當中，或許也有人覺得「都怪我意志薄弱」「因爲我很不擅長養成習慣」吧。

但是，事實並非如此。

無法養成習慣並不是因爲你意志薄弱，只是因爲潛意識裡維持現狀的機制正在運作，你才無法改變。不如說，這才是正常的。

倘若你不知道這種機制，就算發現了感謝筆記的威力，可能也會覺得「反正我一定沒辦法一直寫下去……」連試都不試就直接放棄。

所以，因爲想要保護自己、避免變化的潛意識機制正常運作，你才無法輕易改變，才會很難養成新的習慣，請大家要先了解這一點。

維持現狀的機制總是期許著「希望你保持現在的樣子」而運作。換個方式來說，它會想著**「我最愛你了，希望你永遠不要改變」**而設法阻止你。

簡單來說，這就是**「潛意識對你的愛」**。

因爲潛意識深愛著你，爲了讓你保持現在的模樣，才會一整天不眠不休地爲你努力工作。多虧有它，我們才能在無意間完成生存所需的體溫調節等作用。

這麼一想，你會不會開始覺得潛意識有點可愛了呢？

你被潛意識深深愛著。感受這份愛，自己能夠像現在這樣活著，也都是托潛意識的福，好好感謝它吧。

潛意識的維持現狀機制

潛意識對你突如其來的變化非常敏感。
變化可能會讓你遭遇危險，或是導致生命危機。
潛意識的願望，就是讓你保持現在的狀態，
保護你避開危險和變化。

養成習慣之所以很難，
都是因為有潛意識在保護著你

改寫潛意識、養成「習慣力」的方法

那麼，具體上該怎麼根據潛意識的維持現狀機制，來引起變化呢？

答案就是**和潛意識玩「一二三木頭人」**。

各位是否記得小時候和朋友一起玩「一二三木頭人」的情景呢？遊戲的內容是當鬼的人要閉上眼睛（轉身背對大家），在他大聲唸著「一、二、三，木頭人」的時候，其他人會慢慢接近鬼，以便救出被抓的同伴。

躡手躡腳慢慢靠近鬼，趁他不注意的時候縮短距離。

同樣的道理，**我們要趁潛意識不注意的時候，一點一滴慢慢地改變。**

前面提過，「潛意識抗拒急劇的變化」。

如果你突然開始做出與以往截然不同的行動，潛意識一定會抵抗，所

以會在無意間做出調整，好讓你不會發生變化。

舉例來說，假設你決定要減肥，加入健身房會員，直接奮力去做高強度的訓練；以前每天都會好好吃滿三餐，如今卻徹底省略了晚餐。

結果過了大約一、兩天，潛意識受到驚動，覺得「爲什麼你要那麼拚命改變？」於是便出動阻止你，這就是所謂的反彈復胖。潛意識在你恢復原狀後就會安心，覺得成功保住了你的性命。

◎習慣化的關鍵是「一個一個來」

講完減肥的例子以後，那應該要一點一滴慢到什麼程度，才能在潛意識沒有察覺的狀況下成功改變呢？

那就是**先選出一件事，「一點點、慢慢」開始嘗試**。

而另一個重要的重點，就是**「一個一個來」**。

養成習慣**不是指同時開始培養好幾個新的習慣，而是選出一件要做的事**。

尤其是在減肥時，會傾向於一次養成很多習慣。要是一次塞進太多新的習慣，潛意識就會產生激烈反應，提高反彈復胖的機率。

加入健身房、訓練到筋疲力盡，同時控制飲食，還用手機APP在家做自重訓練，外加出去慢跑……這些千萬不能統統一起做。

- **健身房鍛鍊**
- **在家做自重訓練**
- **控制飲食**
- **慢跑和健走**

先從這些項目當中選出一件事，再「一點點、慢慢地」開始吧。如此一來，**潛意識就不會產生抵抗和反彈，你才可以逐漸改變下去**。

如果是輕度的飲食控制和輕度訓練，同時進行或許沒有問題，不過還是請大家記住「原則上一個一個來」。

這樣持續一個禮拜後，再嘗試加入健身房、減少午餐的飯量、拉長健走的距離、開始輕度慢跑……用這種感覺一點一滴改變下去，三個月後，體重和體型就會逐漸產生變化了。

減肥屬於比較好懂的例子，但同樣的道理可以套用在任何事情上。

如果你「想要進行某個新的挑戰」「想要改變自己」，那就和自己的潛意識玩「一二三木頭人」吧。

只要一點一滴細微地改變下去，就能在潛意識沒有察覺的情況下，成功改變自己。

這也是和潛意識打好關係的一個過程。

如果你還不知道要養成什麼習慣，既然你都在讀這本書了，不妨就先養成「寫感謝筆記」的習慣吧。

趁潛意識不注意的時候改變自己的方法

潛意識會抗拒急劇的變化。
不過，只要悄悄地改變，潛意識的屏障就不會啓動。
如果要養成習慣，不能突然一下子開始做很多事，重點是要「一點點、慢慢地、一個一個來」，才不會被潛意識阻止。

來和潛意識玩「一二三木頭人」吧

花二十一天培養習慣力的方法

在理解了潛意識的維持現狀機制以後，那各位知道要讓一種行爲變成習慣，需要多少時間嗎？

培養習慣需要的時間，是二十一天。根據我自己的體驗，以及諮詢者的成果，可以肯定這個說法沒有錯。

話說回來，所謂的習慣化，是指一旦沒做，就會覺得渾身不舒服的狀態。

人類大致需要持續做某件事二十一天、養成了習慣，才會處於那種狀態。只要跨過第二十一天的門檻，就會變得像是刷牙一樣，根本不需要動機，就會理所當然去做。

雖然原則上是「一點點、慢慢地、一個一個來」，不過我建議各位可以再多做一件事，會更容易養成習慣。在這一步，「書寫」也會發揮它的威力。

1在記事本上標註第二十一天

請各位先準備好自己的記事本或行程表，用谷歌行事曆之類的網路APP程式也沒關係，不過最好還是盡量準備能夠手寫的工具。

然後選定一件事，不管是寫感謝筆記、在社群網站上發布資訊、改吃半碗飯，任何事都OK。先決定好什麼事要「連續執行二十一天」。

接下來，從第一天開始往後推算、在三週後的第二十一天那一欄裡，寫下「◯◯（想要養成習慣的事）的習慣化達成日」。

這樣一來，你就會意識到自己需要努力到那一天爲止。

記得每天都要徹底「一點點、慢慢地」做下去喔。

2準備獎勵

爲能夠堅持二十一天的自己，準備一個獎勵吧。

像是「買一套想看的漫畫」「當天買下想要的衣服」「去泡一直想去

功課

21 天挑戰

來試試連續二十一天的挑戰功課吧。

①你在這二十一天要做什麼？

②寫在記事本上的達成日是哪一天？

③達成的獎勵是什麼？

的溫泉」等，決定好要怎麼獎勵達成目標的自己，而且一定要犒賞自己。

像這樣，為達成目標的事實和喜悅、快樂建立強大的連結。

如此一來，潛意識也會認為「只要繼續這個行為，就能感到喜悅」。

姑且先不論潛意識，比起光靠成就感帶來的喜悅，獎勵還是更穩固強大的報酬，能讓自己的熱情繼續維持到培養下一個習慣。

◎堅持一百天，就會發生奇蹟

用二十一天養成習慣以後，下一個目標就設定成一百天。

其實，我自己打從一開始，就計畫要每天複誦一千次自證預言、寫感謝筆記，這樣持續一百天。

因為，我的目的並不是養成習慣，而是想要引發更大的奇蹟。

這個觀點來自齋藤一人先生提出的「百日修行」。他的說法是，**不管是什麼事，只要堅持一百天，就會發生奇蹟**。

事實上，在我連續一百天複誦自證預言的第九十天，就發生我母親病情好轉的奇蹟了。

在這之後，我凡事都會意識到「要持續一百天」。

我寫部落格文章、開設推特和YouTube帳號時，也是相信只要連續發布訊息和影片一百天、肯定會發生奇蹟，才會開始挑戰。

YouTube頻道的訂閱人數會顯現成數字，所以成果很清楚，在我開始發布影片一百天後，訂閱人數就突破了兩萬人。我切身體會到只要堅持一百天，就會發生奇蹟。

一百天大約相當於三個月，乍看之下好像很難做到。

但是，既然都有堅持三週的能力了，三個月絕對也能達成。

或許有人會想：「我只是單純懷疑，做完一百天眞的就會發生奇蹟嗎？」

其實，在執行的這一百天裡，有個很大的重點。

那就是「許願」。

我第一次嘗試做一百天自證預言的功課時，許的願是：

「一天一千次、連續一百天，我會複誦正向的話語，代價是請讓我的母親康復。」

於是，我以腳踏實地堅持一百天爲目標，不停複誦自證預言的結局，就是在九十天後，母親眞的康復了。

許願的時候，要以感謝爲根基來許願。

我認爲就是因爲我每天持續複誦感謝的自證預言，願望才會實現。

所以，如果你有「絕對要得到的好結果」「想要實現的願望」，那就一定要相信一百天後會有奇蹟等著你，試著養成這個習慣吧。

和潛意識打好關係的言語力量

前面不小心用了很長的篇幅談論習慣的話題，這一節就來談我們的目的——怎麼和潛意識（另一個你）打好關係。

首先，我們要理解潛意識，養成堅持良好行爲的習慣。然後，再加上與潛意識打好關係的方法。

這個方法就是**「複誦簡單的正向話語」**。

追根究底，潛意識是透過不斷重複看見、聽見、觸摸的事物而構成的。

所以，對絕大多數人來說，影響自己最大的就是父母。

比方說，如果我們從小一直聽到父母對自己說：

「你好棒喔。」

「你可以的。」

「你就儘管去做自己想做的事吧。」

「就算失敗了也沒關係啦。」

我們就會養成「我一定辦得到」「勇敢挑戰看看吧」的心靈。這個心靈就是潛意識，就是另一個你。

反之，假設我們一直聽到「你不可能辦得到」「你還是算了吧」「不行，你不准自作主張」諸如此類否定的話語，在動手以前就會先認定「我不可能辦得到」「還是放棄吧」。

反覆銘印在潛意識裡的話語會變成「信念」，塑造出我們的自我意象。

◎來改寫潛意識吧

將潛意識的狀態轉變成正向，就能和潛意識打好關係。

如果你的潛意識處在老是不停產生負面和悲觀反應的狀態，那實在算不上是和潛意識有好交情吧。

不過，大家**別否定會做出負面反應的潛意識**。前面我也提過很多次，潛意識就是「另一個你」。雖然潛意識會讓你產生「辦不到」「不可能」「我沒用」這些想法，但它並沒有惡意，它只是想保護你罷了。

因此，我再強調一次改寫潛意識的方法。

就是剛才提到的「複誦簡單的正向言語」。

實際上做起來並不難，像是

「謝謝。」

「我好高興。」

「我好開心。」

「我好幸福。」

「我愛你。」

「我好幸運。」

這類正向的話語，每天重複多說幾次就好。

齋藤一人先生將這些話稱作**「天堂般的話語」**。對我來說，這就是造就母親康復奇蹟的最大重點。

你也可以藉由每天刻意複誦這些話，改寫自己的潛意識，讓好事接二連三地發生。

第3章 重點整理

- ①潛意識是「另一個你」。「另一個你」最愛你了，所以才會希望你不要改變
- ②和潛意識玩「一二三木頭人」是培養習慣的訣竅
- ③挑戰一下在二十一天內養成某個習慣吧

請寫下你在第3章的心得。

第4章

吸引力的第三階段

心想就能事成的超厲害「願望實現法」

願望實現法

和潛意識打好關係

感恩體質

thank you

能夠心想事成的「流星理論」

我要在這裡問大家一個問題：

「你的願望是什麼？」

你花了幾秒鐘回答這個問題呢？

能夠立刻在三秒以內作答的人，恭喜你。

你的願望一定會實現。

就我目前面對面接觸到的許多諮商者來看，我可以肯定地說：

「能夠在三秒內說出自己願望的人，都擁有實現願望的能力。」

實現願望最重要的，就是願望的「瞬間爆發力」。

我稱之為**「流星理論」**。

從以前大家都在流傳，在看見流星的那一瞬間許願，願望就會實現。

我認為這個傳言說中了要點。

流星從出現到消失，只有一～三秒對吧？

是否能夠在「流星」出現到消失、如此短暫的時間內一下子確定自己的願望，就是實現願望和造成吸引力的祕訣。

這就是**「願望具有瞬間爆發力」**的狀態。

大家在小時候有過哪些夢想呢？

例如足球選手、太空人、開花店、新娘、作家、開蛋糕店……當時你身邊的大人問你將來想要做什麼的時候，你是不是都能馬上回答呢？

沒錯，小孩子都有瞬間爆發力。小時候明明都能馬上答出來，怎麼很多人長大以後就會開始苦思：「嗯～」「有什麼夢想啊」，有時候甚至還會說「我沒辦法馬上回答你，可以給我一天的時間思考一下嗎？」

這就是願望沒有瞬間爆發力的狀態。

◎獨一無二的「強烈願望」才能改變人生

願望沒有瞬間爆發力的原因有三個。

1 沒有決定好自己的願望

2 願望太多了

3 周遭的意見和自己內心認爲「不可能」「辦不到」

第一個「沒有決定好自己的願望」，這種人非常多。他們當然還是有答案，但之所以無法立刻答出來，是因爲內心並沒有意識到、決定好要實現哪個願望。

第二個是處於願望太多，導致失去瞬間爆發力的狀態。如果願望多到有十個、二十個，還在慢吞吞地想著「要先許哪個願才好……」的話，流星早就一瞬間消失了。

第三個則是以爲自己「不可能、辦不到」「願望不會實現」。

舉個例子，假設你曾經對父母說「我想當棒球選手！」結果父母卻告訴你：

「別老是作白日夢了，去乖乖念書。」

「我們家族根本沒有出過運動選手，不可能啦。」

身邊的朋友也說：

「你打得比我還爛，一定不可能啦！」

於是你就在不知不覺中，開始相信「我不可能成爲棒球選手吧」。

重點在於，別人在理論上讓你接受這種「不可能的根據」。

如果周遭的人所說的「不可能」「放棄比較好」之類的話都沒有根據，那願望的瞬間爆發力還不至於那麼低。因爲你自己相信「辦得到」的根據，威力會更強。

但是，當周遭的人提出「煞有其事的根據」，讓「不可能」「放棄比較好」這些話有了一定的說服力，那就麻煩了。

你相信願望的力量就會減弱，只要你有點認同對方所說的話，願望的瞬間爆發力就會一口氣往下降。

因爲你已經沒有自信可以實現願望了。

若是沒有非常強烈的信念，要在不被周遭人看好的情況下貫徹自己的信念，實在是很難。

如果你想要實現願望，就必須先具備「強烈的信念」，才可以排除周遭人「反正不可能」的反對意見。

◎你可以有更多願望

這樣說來，或許會有人覺得：「我這個也想要、那個也想要，是不是太貪心了啊？」

不過，就如同我在第2章談過的，**只要是以感謝爲根基，有多少欲望和願望都沒關係**。

「思考成為現實」的真相

若要實現願望，重點在於提高「願望的瞬間爆發力」。
是否能夠用流星消失般的速度（約3秒）說出自己想要實現的願望、平常的自己內心有沒有一個強烈的願望，會越來越重要。

來磨練願望的瞬間爆發力吧

齋藤一人也建議大家要有欲望，而我也一直都有願望。

「我想當心理諮商師。」

「我希望收入可以翻倍。」

「我想要邂逅一位美好的伴侶。」

擁有這些欲望和願望，是讓我們的人生更上一層樓的原動力。

欲望在佛教來說，就是「煩惱」。

這種觀點總會讓人以爲不可以有煩惱，但佛教並不是說煩惱不好，重要的是承認並接受自己有煩惱的事實。

重點在於，和欲望妥善相處。

如果無法和自己的欲望妥善相處，就會一直處於「不滿足」的狀態。

用感謝筆記建立感謝的根基，就是和欲望妥善相處的第一步。

◎提高願望瞬間爆發力的「一號瓶法則」

那麼，我來告訴大家如何和欲望妥善相處吧。

這同時也是提升「願望的瞬間爆發力」的方法。

首先，重要的是**「篩選出一個願望」**。

大家還記得在上小學自然課時，用放大鏡聚集陽光、照射在黑紙上，讓紙燃燒起來的實驗嗎？用放大鏡將陽光聚於一點，就能把紙燒焦。

這就和實現願望的原理一模一樣。

將願望精準聚於一點，讓自己的意識集中在那個願望上，情感就會沸騰起來、引發吸引力。

「可是，只能選一個太難了吧。」

「我有大概二十個願望欸……」

肯定會有人這麼說。

這種時候，我建議大家**決定願望的一號瓶**。

「一號瓶」是指保齡球擺在最前面的球瓶（也叫作先頭瓶、中央瓶）。大家都知道，一號瓶對後面所有球瓶的影響力最大，只要推倒這支瓶子，剩下所有瓶子就很容易跟著傾倒。如果想要讓球瓶全倒，那就一定要打中這支瓶子。

實現願望也是同理。

假設你有很多個願望、很多想達成的目標、很多想得到的東西。

「我想要提高收入。」

「我想要出國旅行。」

「我想要孝順父母。」

「我想要新手錶和汽車。」

當你有這些願望時，就把那個只要實現後就能帶動實現其他願望的願望，當作一號瓶。

以這個例子來說，將「提高收入」當作一號瓶的話，

- 提高收入

←
- 可以和父母一起出國旅行

←
- （收入繼續增加）也能買得起新手錶和汽車

就像這樣，即使只篩選出一個願望，但如果能把它當成願望的一號瓶，實現了一個願望，就會像保齡球瓶推倒後面的球瓶一樣，輕易地接二連三實現後面的願望。

這就是「一號瓶法則」。

所以，如果各位有很多願望，就先考慮要選哪一個當作一號瓶願望吧。

還有，如果發現流星的話，也可以試著瞬間許願，當作提高瞬間爆發力的訓練。

在我居住的石垣島，可以看到很多流星。而在東京等大城市，或許連要找出一顆星星都很難。

這種時候，大可**用飛機代替流星，一看到飛機就許願吧**。

只要養成這個習慣，就能不斷磨練瞬間爆發力，那個心願就會化爲強烈的願望、變成有機會實現了。

磨練出能在發現流星或飛機的一瞬間立刻許願的瞬間爆發力，擁有一個平常隨時都能說出口的強烈願望吧。

願望的「一號瓶法則」

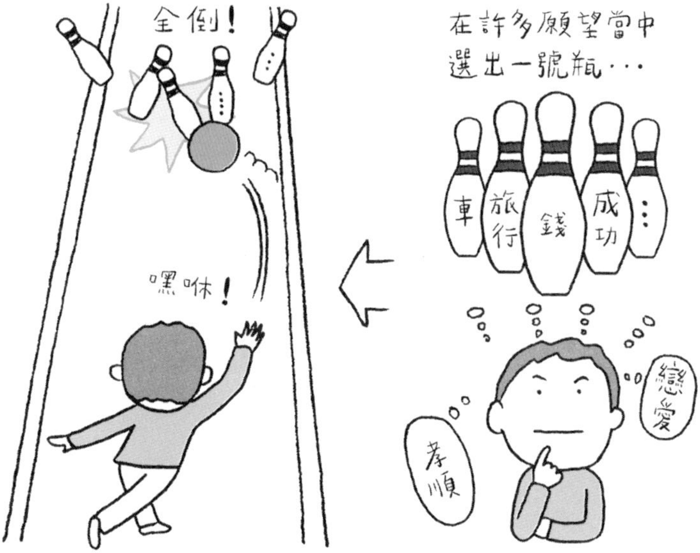

如果有好幾個願望，那就從中選出一號瓶吧。一號瓶是指保齡球裡放在最前面的那支球瓶。

選出一個只要實現了、其他願望也會陸續跟著實現的第一號願望吧。

選出一個只要實現它、
其他願望也會跟著實現的第一支球瓶吧

想不出「強烈願望」該怎麼辦？

有些人可能是「我並沒有很滿足自己的現狀，可是我也想不出自己有什麼具體的願望」。

或者也可能是「我是有好像還滿想實現的願望啦，但是沒有到強烈的程度」。

首先，請各位允許自己擁有強烈的願望、欲望吧。

我再重申一次，擁有欲望就等於是擁有改善人生的原動力。大家一定都要有以感謝為根基的「欲望」，也就是願望。

如果可以，你也會想要過著經濟富裕的幸福人生吧。

在心中想像欲望和願望，理想的人生就會逐漸實現。

◎沒有強烈願望的人專用的「願望實現法」1

我遇到實在想不出願望的人時，都會問他們這個問題：

「你有哪些不想做的事？」

結果得到的回答都是：

「我不想當上司的小嘍囉。」

「我不想搭客滿的捷運。」

「我不想整天缺錢。」

諸如此類對現狀的不滿和不安。

其實，**「一個人的不滿和不安的反面＝那個人的願望」**。

把剛才的例子反轉過來看的話——

「我不想當上司的小嘍囉。」

←**「轉到不必一味聽從上司命令的部門或是跳槽。」**

「我不想搭客滿的捷運。」

←**「轉到可以遠距工作的部門或跳槽。」**

「我不想整天缺錢。」

←**「薪水再增加五萬日圓。」**

可以看出他們有這些願望。如果是從不安的情緒所導出的願望，那可能是基於「想要安心」之類的理由才有所期望，並不是衷心想要的願望。

因此，判斷的標準就是

「這個願望是否光是想像就能令自己萬分期待」。

舉例來說，假設某人是因爲「老了以後也想安心生活」，才推導出想要蓋獨棟房子的願望。

結果，比起「要蓋什麼樣的房子才好呢」的期待，反而會先產生「要規畫房貸清償計畫」的憂慮和不安吧。

這就代表，這是現在這個當下很難實現的願望。

因爲比起期待，不安的情緒更強。

面對想要實現的願望，不能有任何懷疑。所以，即使擔心房貸的問題，如果能夠滿懷期待地想像著「想在這一區蓋房子」「要蓋這種風格、五房二廳的房子」的話，願望會更容易實現。

功課

給想不出願望的人

「你有哪些不想做的事？」

把你的答案反轉過來、導出你的願望並寫下來。

◎沒有強烈願望的人專用的「願望實現法」2

我還有另一個方法，可以推薦給想不出強烈願望的人。

那就是寫出

「假使你只能再活一個月，你想做什麼事？」

就像電影《無我新生活》（My Life Without Me）的主角一樣，把自己「想做的事」寫成清單，站在自己大限將至的觀點，思考自己想做什麼事、想要留下些什麼，試著寫出來。

如此一來，你或許就不會再寫「我想變成有錢人」之類的事，而是會想到其他願望了。

例如，你想立刻辭職、和伴侶一起到夏威夷悠閒度假，你想帶父母一起出國旅行，你想去探望多年不見的恩師，你想要向自己在學生時代傷害過的朋友道歉……

就像這樣，當你得知自己來日不多時，你的腦海中就會浮現自己想做的事，試圖淨化那些不曾顯露出來、一直滯留在你內心的部分。

大家還記得吉卜力動畫電影《神隱少女》裡登場的「腐爛神」嗎？祂全身布滿軟爛的淤泥來到湯屋的場面，應該讓很多人都印象深刻。腐爛神散發出連湯婆婆都驚愕難忍的惡臭，但是當祂用了千尋準備的藥浴洗澡後，全身就獲得了淨化，變得非常乾淨，就是這種感覺。人到了臨終之際，就會期望淨化心中軟爛的淤泥，而開始付諸行動。

雖然我本身並沒有被醫生宣布壽命的期限，但我做過這項功課。結果，當時的我產生的強烈願望，是想要向斷絕關係四年的父親道歉、想要修補我們破碎的關係。

在這之前，我有的都是想要變成有錢人之類的願望，而我埋藏在內心最深處的願望因此浮現了。

這本書裡也寫出這件事的結果，這項功課讓我強烈的願望浮現，我才得以付諸行動。

「願望」這個詞，或許給人一種興奮期待的感覺。

但是，特地去意識死亡，才能夠突顯出自己眞正想做的事，並且可以使人及早付諸行動，於是就能早一步實現那個願望。

如果你對現在的生活沒有怨言、也沒有什麼強烈願望，請一定要試著做這項功課。

功課

給想不出強烈願望的人

「假使你只能再活一個月，你想做什麼事？」

排除願望屏障的方法

◎消除金錢和時間的制約

或許有人會說：「可是我不知道自己有什麼願望……」

我們在長大成人後，就會變得很難像小時候一樣，任意描繪出夢想和願望。我都會對這麼想的人說，這是你身邊的人和自己的思想在阻礙著你。

因爲經驗和思考，都會隨著我們長大成人而受到現實的制約。

我來告訴大家如何消除這種制約。

方法就是**「先排除金錢和時間的限制再思考」**。

比方說，有些人的願望是「到歐洲旅行一個月」。我聽了以後就問：「那你要不要下個月就出發呢？」但幾乎所有人都會說：

「『可是』我還要上班，沒辦法休這麼長的假……」

「『可是』我沒辦法花那麼大一筆錢……」

「我不能丟下小孩不管，所以『沒辦法』啊。」

就像這樣，馬上被現實的考量給拉了回來。

這些現實的考量絕大多數都是受到「金錢」和「時間」的限制。假使旅行要花超過一百萬日圓，自己年紀也不小了，還是存起來養老比較實際。就連蜜月旅行，也無法安排長達一個月的休假。

於是，我們就這樣設定了某些制約，漸漸地作繭自縛。

最後就變成「結果我根本就做不到」「有夢想也沒用」，何止是實現願望，連想像願望都放棄了。

所以，在擁有願望以前，我建議大家先從排除現實的障礙開始。

不過，潛意識的維持現狀機制卻會在此時啓動，因此我們一旦想要設法排除障礙，就會產生罪惡感。

原本是上班族的人，在辭職後實現了大白天就能喝啤酒的夢想，但這種日子過了三天後，便開始產生罪惡感：

「辭職眞的好嗎？」

「我可以這樣懶洋洋地過日子嗎？」

這種狀況也時有所聞。

這就是維持現狀機制的特技，會讓人漸漸產生罪惡感、想要恢復朝九晚七的工作習慣。

所以，**若要消除思考的屏障，千萬不能一口氣砸垮它，而是要用**

「一二三木頭人」的方式慢慢拆除。

引用剛才舉的歐洲旅行例子：

「一個月太長了，如果是一個禮拜就有可能喔。」

「不要搭商務艙，先搜尋特別經濟艙的價位吧。」

像這樣先設定一個可能實現的範圍，逐步卸下思考的屏障，當成一個寫實的幻想，會比較容易想像。

如此一來，在幻想的過程中，就會慢慢醞釀情感，更加接近現實。

◎對金錢的認知

一點一滴緩慢的變化，可以卸下思考的屏障，但也有很多人的障礙是金錢方面的制約。

實際上，我的諮商者中，就有很多人是「人生各方面和人際關係都很完美，但偏偏就是缺錢」。

所以這樣的我們才會在不知不覺中，開始築起金錢的屏障。

你是怎麼看待金錢的呢？

是覺得錢很單純？

還是覺得錢很骯髒？

你對有錢人又有什麼看法呢？你看見搭好幾輛高級汽車到處趴趴走、住在摩天大樓豪宅裡的有錢人，會覺得很羨慕嗎？還是覺得這種疑似炫耀的行爲很低級呢？

我們每個人都會對金錢有某種「印象」。這其中絕大部分，都是**在四歲到十五歲期間與金錢相關的經驗和對錢的態度所塑造成的信念，並且對此深信不疑**。

我小時候和母親一起看電視，在觀賞雜聞秀和介紹明星藝人生活狀況的節目時，我都會聽到她說「有錢人最爛了」。

因此，我的腦海無意間就形成了一道公式：

「有錢人＝壞人」

直到我長大成人、創業以後，有越來越多機會與經營者和生活富裕的人交流，才慢慢把自己的偏見改寫成：

「有錢人＝很多好人」

我對有錢人的負面印象逐漸瓦解，所以才能卸下對金錢的制約。

如果是有「錢很骯髒」「有錢人很壞」這些偏見的人，肯定不只是賺錢，就連存款增加都會覺得渾身不舒服。至少，**會很難變成有錢人吧**。

簡單改變金錢認知的方法

◎祝福力的法則

那麼，我就來告訴大家如何擺脫對金錢的負面偏見。

那就是爽快地**「祝有錢人幸福」**。

我彷彿可以聽見有人大喊「蛤！為什麼!?」了。

因為，**當我們在嫉妒有錢人、生有錢人的氣時，就會很難變得有錢。**

反之，自己主動希望有錢的人幸福快樂，有助於吸引財運。

第3章提到潛意識的一個特徵，是「潛意識無法區分自己和他人」。

不管是誰做的事、說的話，都會等同於自己所做的。

好比說，**祝賺大錢的人和有錢人幸福快樂、爲他們的喜事感到開心，潛意識裡接收到的就是「自己得到祝福」**。

換句話說，「祝人幸福＝祝自己幸福」。就像是迴力鏢一樣，幸福會回歸到自己身上。

我稱之爲**「祝福力的法則」**。

當然，這個法則並不只是與金錢有關。感謝也是一樣。只要持續寫感謝筆記，就能漸漸學會無時無刻感謝任何事物、任何人，甚至是當下很普通的片刻。

如此一來，祝福就會回饋給自己。

反過來看，有句俗語是說「害人又害己」。

咀咒用的稻草人就是個很好的例子，它代表的寓意是「若是怨恨、詛咒別人，這個念頭不只是會加諸在對方，也會加諸在自己身上，害人又害己」。

如果朝對方傳遞的念頭也會返回自己身上，那只要祝別人幸福和開心，就等於是爲自己積陰德。

釋迦牟尼佛將這種概念，宣揚成爲「隨喜功德」。

例如，和自己一同切磋磨練的同事功勞獲得認可，只有他升了職；和最要好的朋友報考同一所學校，結果只有自己落榜；一起聯誼尋找結婚對象的同伴，成功遇到理想的伴侶而結了婚。

在這種時候，**衷心祝福對方的喜事**，這就是隨喜功德。

或許我們會產生不甘心、痛苦等情緒，或許很難坦率地爲對方高興。或許，絕大多數人都是這種反應吧。

但是，就算假裝一下也好，還是要試著說「恭喜」「太好了」，露出笑容祝福對方。

小林正觀先生說過：「祝福對方，就能夠克服嫉妒。」

大家可能都對「嫉妒」這個詞沒有什麼好印象，但人之所以會嫉妒，是因爲背地裡藏著自己也想要變成那樣的心態、隱藏著自己的潛能。

會老實告訴自己眞心想要什麼、期望什麼、想要變成什麼模樣的情感，就是嫉妒。

如果對嫉妒有負面的情緒，而無法祝福別人，原本會回饋給自己的祝福就會逐漸遠離了。

所以，要特地祝福自己嫉妒的對象，有意識地實踐下去，就會不斷累積陰德，最終祝福就會回饋到自己的人生。

這就是釋迦牟尼佛宣揚的「隨喜功德」的教誨。

有求必應的願望實現功課

接下來，我要告訴各位寫出一個強烈願望（一號瓶）的方法。

第一步　「寫出二十～三十個願望」

第二步　「選出一個作為一號瓶願望」

首先是「寫出二十～三十個願望」。我在下頁設置了一個寫功課的頁面，大家可以寫在那裡，當然也可以寫在本書隨附的筆記本上。

對第一次寫願望清單的人來說，二十～三十個乍看之下好像很難。這時就不要管數量，可以設定半小時之類的時間，在時限內寫多少算多少就好。

重點在於盡可能具體地寫出願望。

功課

挑選願望

①

以二十個為目標，盡可能具體地寫出願望吧。如果寫不出二十個，以後再補充也OK。

□ □ □ □ □ □ □ □ □ □

□ □ □ □ □ □ □ □ □ □

寫得越具體，願望會越容易實現。

比方說，寫「我要達成月薪三十萬」，會比寫「我要成爲有錢人」更好，而且連月薪的用途也寫得清清楚楚，願望會更加容易實現。

還有，比起只寫「我要辭職跳槽」，最好還是具體寫出理想的職務種類。

一開始可以先寫下很抽象的願望，然後用畫心智圖的方式，在那個願望的旁邊補充更多具體的願望，願望就會變得更具體。

要吸引願望成眞，必須和潛意識融洽相處，各位可以把潛意識當成一種導航系統，

決定好目的地後，導航系統一下子就會幫我們找出路線。如果走錯了路，它會立刻修正路線，設法帶我們走最好的路線前往目的地。

同理，我們要是具體地提出願望，大腦和潛意識就會找出通往那個目的地的最佳路線。

接著是選出「一號瓶願望」。

這時請把你寫出的願望記錄在筆記本裡。

因爲，如果你對自己寫出的願望沒有任何懷疑、一點也不覺得「反正不可能實現」，三年內大概就會實現八成。我自己的經驗就是如此，諮商者的實證結果也是一樣。

當你在一一打勾確認願望是否實現時，打勾的項目越來越多，會讓你有種累積成功體驗的感覺。這樣可以逐漸改寫你的潛意識，讓你覺得過了三年後，沒有什麼願望是不能實現的。

這正是讓維持現狀的機制一點一滴慢慢習慣，並逐步實現願望的原理。

大家就用回歸童年的心態，雀躍地寫下自己的願望吧。

功課

選出一號瓶願望

②從二十～三十個願望中，選出一個可以當作一號瓶的願望，寫在這裡。

奇蹟將會發生！實現願望的想像訓練法

決定好「願望的一號瓶」以後，接著就要採取實現願望所需要的行動了，不過另外還有一件最好可以同時進行的事。

那就是「實現願望的想像訓練法」。

說得更簡單一點，就是**「幻想願望已經實現了」**。各位就當作是玩一場幻想遊戲，盡情幻想自己實現願望的模樣吧。

想像力非常重要。

平常從事體育運動的人，肯定都能理解想像訓練的重要性。實際上，也有學者做過類似的實驗。

澳洲心理學家艾倫．理查森（Alan Richardson）將學生分成三組，用籃球做了一場實驗。

第一組連續二十天練習罰球投籃。

第二組只有第一天和第二十天練習罰球投籃。

第三組只有第一天和第二十天實際練習罰球投籃，而在中間這段期間，每天花二十分鐘想像自己罰球成功的場面。如果自己在想像中罰球失敗，那就繼續想像自己下一球罰球成功進籃的場面，在想像中不斷練習。

各位覺得結果會如何呢？

每天練習的第一組罰球成功率，上升了24%。

第二組則是一點進步也沒有。

至於第三組，練習量雖然和第二組相同，但成功率竟然上升了23%。

也就是說，**光靠想像力，就能進步到和每天確實練習的組員差不多的程度**。

從這場實驗可以看出，想像擁有非常驚人的威力。

最近很流行虛擬實境（VR）的遊戲對吧？在遊戲中的一幕，玩家需要走過城市高樓之間、寬度只有三十公分的空橋，雖然只是虛擬實境，卻會讓人雙腿發軟、怕得根本不敢走。

無法過橋的原因，就是大腦和潛意識無法區分現實和想像的緣故。

我們實際上只是在自家客廳裡玩遊戲，大腦卻產生站在大樓屋頂上的錯覺，所以才無法區分現實和想像。

只要不停反覆做想像訓練，現實和想像的界線會逐漸消失，想像就會變得很容易成爲現實喔。

◎靠「寫實幻想遊戲」實現夢想

我每天都會悠哉地泡澡，邊幻想自己已經實現了寫下的願望，用打電玩的感覺、用非常寫實的感覺，享受這場幻想遊戲。

我在二十多歲時，曾經爲了逃避現實而放肆幻想。

雖然我住在天花板很矮、只有兩坪多的狹窄公寓裡，但我會幻想自己待在十五坪的大客廳裡，藉此逃避現實。我一直這樣持續下去，結果就眞的將幻想吸引到現實中了。

從小就很會幻想的「愛作夢的孩子」，之所以大多能順利產生吸引力，就是因爲想像訓練的效果。

實際上，我的姊姊從小就在看少女漫畫時，老是把「我不要這麼窮！我以後一定要跟有錢人結婚！」掛在嘴邊。

她肯定是一直在幻想自己結婚以後，就能住進漫畫裡的豪宅、過著富裕的生活吧……結果，她眞的跟在東京市中心擁有兩座豪宅的不動產業者結婚了。一回神，才發現自己小時候的夢想實現了。

有一個諮商者，經常幻想自己像作夢一樣得到從天而降的一大筆錢，結果有天就突然收到父母匯來的一一〇萬日圓。據說這是父母爲了生前贈與，今後每年都會匯給他一一〇萬日圓。

「這難道是因爲幻想成眞嗎？」

他這麼問我，而我就是這麼想的。這或許只是時機上的巧合，但是把這種事當作是幻想遊戲的成果，人生會比較有意思吧。

所以，請大家**在幻想願望的時候，務必把它當成玩遊戲一樣樂在其中**。偶爾逃避一下現實也無妨，盡情想像一場自己心目中最棒的幻想場面吧。

我們本來就具備了實現願望的能力。

曾有位諮商者告訴我令人感動的經歷。

她做了約三年的不孕症治療後，終於生下期盼已久的孩子。現在小孩已經長大、正在上幼稚園，但她經常忍不住罵孩子、對孩子不耐煩。

於是，她開始寫感謝筆記，寫了一個月以後，才終於想起來。

當初她好不容易懷孕以後，每天都在祈禱「神啊，請讓這個孩子可以健健康康地出生。」而孩子確實平安出生後，她也打從心底感謝「神啊，謝謝祢！」

她開始寫感謝筆記後，想起孩子出生的那一瞬間，結果淚流不止。

她說**「原來我的願望已經實現了」**。

願望的想像訓練法

「願望的想像訓練」看起來好像很難，其實就只是幻想而已。
在泡澡或其他放鬆狀態下，盡情幻想自己已實現願望的模樣吧。
潛意識無法區分想像和現實。這是把願望反覆銘印在潛意識裡，也是讓自己處於正向的情緒之中，非常建議大家嘗試。

盡情享受幻想遊戲，願望就會更容易實現

吧。

沒錯，我們都有實現願望的能力。所以請大家不必客氣，盡量幻想吧。

如此一來，你的願望就會不斷實現喔。

用六十八秒產生八千小時行動量的方法

人類是會思考的生物。

那麼大家覺得，人一天會思考幾次呢？

答案是會**思考多達六萬次**。

請大家想一想人的思考傾向。

正向思考和負面思考，哪個會比較多呢？

我在前面提過，我們人類若是沒有特別去注意，其實很難做到正向思考。我們需要努力，才能經常以正向思考爲優先。

負面思考偏多，就代表經常產生負面情感。情感會成爲現實，所以會吸引負面的事情發生。

這個吸引力法則，會二十四小時全年無休運作。

也就是說，**一天六萬次的思考，會向宇宙傳送訊息、創造出自己的人生**。

因此，如果想要改善人生、激發好的吸引力，那就需要隨時提醒自己保持正向快樂的思考。

其實，**從吸引力發揮作用到宇宙動起來的時間，只有「十七秒」**。

這就是「吸引力法則」的祖師爺、名爲「亞伯拉罕」的宇宙意識所傳送的訊息。

比方說，假設你有個願望是「想去夏威夷」，當你把焦點集中在這個願望時，就會產生吸引它的能量。這中間的過程只有十七秒，這段時間稱作「作用點」。

亞伯拉罕說，**這十七秒相當於兩千小時的行動量**。只要在短短的十七秒內思考，就有等同於兩千小時行動的能量發揮作用。

如果將十七秒延伸四倍、變成六十八秒，就有足夠的能量讓思考成爲現實。這六十八秒能醞釀思考現實化所需的能量，相當於多達八千小時的行動量。

只要花一分鐘稍微幻想一下，就等於是行動了八千個小時。

了解這項宇宙法則之後，大家應該都能夠明白，平常的負面和正向思考，哪一種比較重要了吧？

我們只要在短短六十八秒內享受樂觀的幻想遊戲，就可以孕育出將名爲「願望」的幻想轉換成現實的能量。

我玩這場六十八秒幻想遊戲，已經有十年以上了。結果就是現實不停地改變，讓我得以一直過著理想的人生。

大家不妨也在一天內，多安排幾段沉浸在自己願望中的時間吧。只要花短短一分鐘就好，要擠出這個時間應該並不難。

幻想自己已經實現願望的狀態，讓願望實現吧。

◎消除負面思考．幻想的方法

有件事希望大家可以注意一下。

那就是關於負面思考和正向思考。人的思考很容易專注在負面，也就是悲觀消極的事物。

確實，在當眾發表某些內容時，即使獲得九十九個人讚賞，但只要有一個人給了負面意見或口出惡言，我們就會格外在意那個部分吧。

我以前是個思考極度負面的人。

感到沮喪、負面思考都是人類的特質，所以這並不是什麼大問題。

然而，如果一直感到心情沮喪、冒出太多負面想法，就會對人生造成不良影響。

因爲潛意識會產生「你期望的是負面思考，那就維持這個狀態吧」的作用。

但是這樣的我，**有個可以擺脫負面思考的思維方法**。

我就把這個方法告訴大家吧。首先，請各位記住以下這句話。

正向思考比負面思考要強上一百倍。

這句話是出自《祕密》一書中登場的一名偉大牧師麥可·伯納·貝克維（Michael Bernard Beckwith）：「科學證明，一個正向思想的力量，勝過一個負面思想的力量百倍。」

這本書於二〇〇七年出版日文版，當時的我負面思考眞的非常強烈，所以一看到這句話時，就全身起了雞皮疙瘩。

之後，我因爲受到這句話啓蒙，而嘗試了某個方法。

就是當我的腦海中一掠過「我果然辦不到」「怎麼可能實現」這些負面思考時，一定要用正向的話語來抵消負面的想法。

「沒關係，我可以的。」

「沒關係！總會有辦法。」
「沒關係！一切都會順利的。」
「沒關係！事情一定會有驚人的發展。」

做起來很簡單，可是效果卻非常好。

因爲一個負面的話語．想法，可以被擁有一百倍威力的正向話語消除。

等我一回神，才發現原本超級負面思考的我，漸漸再也不會產生負面的想法了。

請大家一定要記住這兩件事：

「正向思考比負面思考要強上百倍。」
「一旦產生負面想法，就用正向的話語抵消它。」

加速夢想實現的「願景板」

這裡要來介紹加速願望實現的方法。

那就是**「將自己的願望收集在板子上，用圖像呈現出來」**。

這個稱作「願景板」（Vision board），作法相當簡單。

只要把自己願望的圖片和照片貼在板子上，裝飾在房間裡就好。也就是「願望的視覺化」。如此一來，願望就會加速實現。

爲什麼視覺化以後，願望就會加速實現呢？

因爲日常所見的事物，會銘印在潛意識裡。

銘印在潛意識裡的東西，會決定我們無意間的行動。

比方說，我們如果一直重複看同一支電視廣告，在需要添購東西時，就會瞬間選擇購買廣告中的商品吧？

不知道各位是否聽說過，「最好用紙寫下目標、貼在牆上」呢？以前的連續劇都會出現考生在房間牆上貼著「金榜題名」、埋頭苦讀的場面吧。

這些都是願望的視覺化、對潛意識的銘印。

如同我在第3章提到的，潛意識無法區分現實和想像。不論是想像還是透過感官獲得的資訊，潛意識全部都會認定爲「現實」。

反覆觀看，會把所見所得銘印在潛意識裡，行動就會逐漸改變。

只要製作「我的理想人生」願景板，放在可以清楚看見的地方，潛意識就會受到影響，並開始採取相關的行動。

◎潛意識會將眼睛所見的事物化為「現實」

將理想的人生視覺化，做成隨時可以看見的樣子，我們的潛意識就會逐漸認爲眼睛所見的景物是「現實」。

製作願景板，放在可以經常看見的客廳裡，裝飾在自己就寢前會看見的臥室裡，用手機拍照設定成待機背景圖片，或是設成電腦桌布，爲自己安排可以觀看願景板的時間。

各位讀者中，或許已經有人做過願景板，或是正在使用願景板吧。

你是什麼時候製作那張願景板的呢？

如果已經做了三年以上，可以趁這個機會更新一下。拿掉已經實現的夢想圖片，在空出來的位置補上其他願望吧。

我每年都會在年底和太太一起寫下願望，挑選從願望想像出來的照片和圖片，貼在軟木板上。我們每年都會更新這塊板子，三年前的願望幾乎都已經實現了，移居石垣島也是貼在板子上的其中一個夢想。

製作願景板，就能決定想要達成的目標。**只要決定好目標，抵達目的地的手段和方法，之後就會自然出現了。**

無法順利實現願望的人，大多數都有思考作法的傾向。

來做願景板吧

這稱作「願景板」。在上面張貼與你的願望有關的照片和圖片，製作一幅拼貼畫吧。
潛意識會把眼睛所見的事物認定為現實。平常只要看見自己理想的場景，就可以將之銘印在潛意識裡，願望會更容易實現。

製作願景板，
放在你隨時可以看見的地方吧

「我是有願望，可是該怎麼做才能實現啊……」結果在大多數情況下，都受到金錢和時間制約，於是自己親手停止實現。

重點是決定好目標後，就不要再考慮任何事。如此一來，就會發生意料之外的狀況，實現願望所需要的奇蹟就會接二連三發生。

◎將潛意識改寫成願望的故事

接下來，我要爲已經做好願景板的讀者，提供一個推薦的應用方法。那就是**「將願望編成故事、口述錄音，每天聆聽」**。

作法很簡單。首先做好你的願景板後，設想自己三年後實現所有願望的人生狀態。然後，以這樣的自己爲主角，寫一篇從早晨開始的一日故事。

例如：

「我每天早上六點，都在清脆的鳥叫聲中醒來。磨著自己最喜歡的咖啡豆，屋裡瀰漫著芳醇的咖啡香氣。我衷心感謝自己今天也能開啓幸福充實的一天，思索著今天的行程……」

像這樣，用故事寫下自己理想中的生活型態。

寫完一天的故事以後，再用智慧型手機的錄音程式或錄音機，錄下自己唸出來的故事。

你可以像配音員一樣字正腔圓地唸出來，也可以請朋友幫忙唸，或是在社交媒體網站上尋找初出茅蘆的配音員或演員之類的人、委託他們幫忙唸。

然後，你要每天在搭車移動或就寢前，聆聽錄好的故事。

我以前都是在睡前聽，在無止盡的重播中入睡。因爲，**睡眠時間就是**

「潛意識的時間」。

只要營造這種強制將自己的願望「洗腦」進潛意識的狀態，它就會刻進潛意識裡。

此外，如果在清醒的狀態下聆聽，內心會因爲這個資訊而獲得滿足，就會在無意間採取實現願望的行動。

如此一來，**甚至還可能會發生「願望不知何時實現了」這種事**。

當你在嘗試的時候，請注意自己在聆聽錄音時，是否會感到興奮不已。

「情感」是一種感應器。

如果你聆聽後覺得很興奮、很暢快，那就繼續聽下去吧。

反之，如果你聽了覺得坐立難安、焦慮不耐，那可能代表這個願望目前實在難以實現。這時，你可以改爲想像實現了另一個願望的自己，重新編寫故事再錄音吧。

實現願望以前該做的最後一步

這一章已經告訴大家很多實現願望的技巧了，而這裡要談的，是最後的過程。

那就是**「放開願望」**。

爲了將願望銘刻在大腦和潛意識裡，觀看願望、聆聽故事的錄音都很重要，但是在願望實現以前，更重要的是放開願望。

比方說，有錢人並不會想著「我要變有錢」吧。有錢的人早就已經放開這些想法了。

還有，已經有伴侶的人，也不會期望「想要有交往對象」，因爲他們早已放開想要交往對象的念頭了。

◎放開願望，交給宇宙安排

不過，「想和對方重修舊好」這種與其他人有關的願望，應該很難放手吧。這種時候，可以調適一下心態，

「雖然我想跟前男友復合，但是沒實現也無妨。」

「雖然前男友人很好，但若是能遇到其他好對象也很不錯啊。」

如果能夠養成這種心境，就等於是放開願望的狀態了。**到了這一步，對願望的執著就會逐漸淡化，於是就能眞的和對方復合，或是遇到更好的人。**

即使理智上可以明白，但可能還是有很多人無法輕易放手。其實，放開願望才是最重大的課題。

換成是我的話，就是不再想著——

「我絕對要做（當上）〇〇。」

而是把心態轉換成——

「如果能夠做（當上）○○就好了。」

例如，我內心有個願望是「如果這本書能變成暢銷書就好了。如果這本書能在各個講座上被當成是必讀寶典就好了」。

當然，我會在自己能力所及的範圍內盡力，但在書出版以後，後續發展就只有神才知道了。所以，我並不會想像「我絕對要熱賣超過十萬本！」這種願望。

如果是用這種輕鬆的心態許願，我們就不會執著、不會逞強，自己實現願望的行動也會更如魚得水，可以吸引到好的結果和事情發生。

即使想要跟前男友復合，但前男友真的是最佳伴侶嗎？還是有其他更好的對象呢？這就只有神才知道了。

「能和前男友復合的話，我會很開心，但這只能聽天由命。」

用這種放鬆的態度許願的話，願望就會更容易實現。

就某種意義來說，就是交給宇宙來決定的感覺。

我在第1章提過，「逞強」是實現願望和激發吸引力時千萬不能做的事。

大家一定要在放鬆的狀態下，想像自己的願望。

第4章 重點整理

①不要受到金錢和時間的制約，想像一個壯大的願望吧

②思考並選出「實現這個願望的話，其他願望也會接連實現」的一號瓶願望

③實現願望的最後一步就是「放手」

請寫下你在第4章的心得。

第 5 章

吸引力的第零階段

改變自己的本質、讓人生好轉的方法

願望實現法

和潛意識打好關係

感恩體質

心理上與父母和解

thank you

改變自己的最佳處方箋

到目前爲止，我們已經完成「吸引力三階段」了。

第一階段：奠定感恩體質的根基

第二階段：和潛意識打好關係

第三階段：實踐願望實現法

只要實踐到這一步，你就會漸漸變成感謝思考和容易吸引好事的體質。

不過，其實還有最後一個步驟。

那就是「第零階段」。

我們在根基最深處的部分，還有一個很重大的要點。

隱藏在這裡的第零階段，就是「心理上與父母和解」。

如果你已經看完第一～三階段，做完本書的功課、寫了筆記，請一定要再試試第零階段。

對於「第零階段」，我要特別推薦給已經實踐很多吸引力和實現願望的技巧、卻毫無成效的人。

這個階段完全可以說是**從根本改變自己本質的終極方法**。

我就引用我的親身經驗，來告訴大家這個方法。

我在十五年前首度踏入自我啓發的領域，開始學習心理學。有一天，我參加了一場成功哲學的講座，講師問了聽眾一句話：

「你愛自己的父母嗎？」

我的家庭絕對稱不上富裕，一家人住在國宅裡。我父親是個相當霸道的人，一有不如意，他就會把無線電話的子機丟出門，還會對母親和我們姊弟惡言相向。母親和我們每天晚上只要一聽到父親回家的聲音，就會怕得渾身發抖。

我在二十多歲時，因爲母親得了憂鬱症，而開始了居家看護生活；但我再也無法忍受父親對母親的狂妄態度，和他大吵了一架、奪門而出，此後四年都處於和父親斷絕關係的狀態。

至於母親，因爲我在二十多歲的大好歲月裡，花了兩年半照顧她，老實說，我內心一直有個疙瘩，覺得「她奪走了我的青春」。

我在這種狀況下聽到別人問：「你愛自己的父母嗎？」回答當然是「不。我恨他們」。

結果，那位講師說：

「怨恨父母的人並不會成功。因爲與父母的矛盾，會阻礙自己的豐富人生。」

如果是怨恨父母的人，「人生不順利」就是某種意義上的「復仇」，

會變成一種「報復行爲」。

這種人大多數都會在潛意識裡怒不可遏，想著「都怪你們搞砸了我的人生！」

浪費自己的生命，是一種對父母的復仇和報復……這個觀點說中了我的盲點，讓我不禁啞口無言。

「怨恨父母的人並不會成功。」

這句話，是我人生中最大的一場震撼教育。

◎如何從根本提升自我肯定感

這場震撼教育，也提醒我察覺一件事。

我們每一個人，都是有父親和母親才會出生。

換句話說，我們是由父親的一半，和母親的一半所構成的。

倘若厭惡父親，就等於是否定一半的自己；倘若同時厭惡父母，就等於是否定自己的一切。

討厭自己，不認同自己，否定自己。

這就是**「自我肯定感低落」**的狀態。

應該很多人都聽過「自我肯定感」，這個詞近年來廣受矚目，尤其是學心理學的人，應該都很常接觸才對。

自我肯定感，會連結到「我如何看待自己」的自我意象。

無法喜歡自己、認同自己的人，就處於自我肯定感低落的狀態。這麼一來，人生就無法稱心如意。

因爲就算這樣的你想挑戰新的事物，也會不由自主地否定自己：

「反正我一定不行……」

反之，**自我肯定感很高的人，會很有自信，因此就會想著：「雖然不**

知道會怎麼樣，但就挑戰看看吧！」

他會以這種心態不斷投入新事物，於是就能改善人生。

如果自我肯定感很低，即使剛開始還熱情十足，但過了一個禮拜後，就會不自覺地想著：

「我已經開始寫感謝筆記了，也做了願景板，但能夠改變的人應該都很特別吧，哪像我這種人……」

如此一來，不僅願望不會實現，還會陷入負面循環，根本無法豐富自己的人生。

所以，**如果要改變自己、讓人生幸福充實，「提高自我肯定感」就是最佳處方箋。**

那麼，該怎麼做才能提高自我肯定感呢？

追根究底，自我肯定感是怎麼塑造出來的？

只要仔細分析它，會發現它和「父母」有關。

人在成長的過程中，受到父母的影響比其他任何人都多。**與父母的關係，會逐漸塑造出人生的雛形。**

所以，藉由面對自己與父母的關係，改寫那個連自己都幾乎遺忘的深層心理，我們就能夠大幅改變人生。

隱藏在吸引力階段底層「第零階段」的祕密

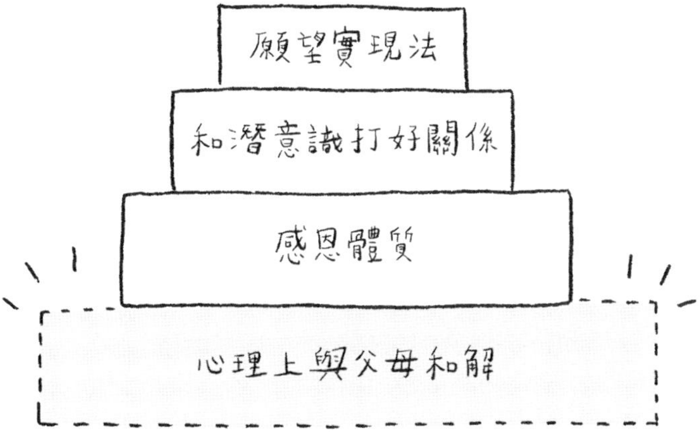

藏在吸引力階段最下方的第零階段，是「心理上與父母和解」。
潛意識、自我意象、自我肯定感這些屬於你的一切，根源就在於和父母的關係。
即便是自認為「與父母關係和睦」的人，往往也可以透過心理上的和解過程，來改寫自己。

心理上與父母和解，
人生就會大幅好轉

十二歲以前都能塑造自我肯定感

有人說「三歲定終生」，意思是小孩在三歲以前的成長環境和聽過的話語，會影響他的一生。

實際上，人在三歲以前，腦部發育尚未穩固。處於軟綿綿狀態的大腦，只要聽到父母說的話，就會相信那是眞的。就像是雛鳥會把第一眼看到的成鳥當成母親一樣，幼兒會將自己經常看到、聽到的事情和觸摸的事物，認爲是「正確的」。

我們就是在父母如此強烈的影響下成長。

那自我肯定感是怎麼培養出來的呢？就是以下這個過程。

「三歲以前60％，六歲以前80％，十二歲以前100％。」

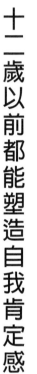

也就是說，在我們小學畢業時，自我肯定感幾乎已經定型了。
由此可見，我們的父母，以及在這個年紀以前接觸過的人，影響力有多麼大了。

◎有高度自我意象者的共同點

我們都是在學校的老師、朋友、親戚和左鄰右舍的影響下成長。
我有個朋友當了父親，他的女兒名叫小遙（假名）。他在小遙出生以來，每次見到我都會一直說「小遙簡直是天使，她眞的好可愛喔」。
等到小遙上了幼稚園以後，他又說「小遙好受歡迎，班上的男生都喜歡她欸」。
過了幾年，有一次我和這位朋友全家人一起聚餐。我上一次見到小遙時，她還只是個小寶寶；雖然有點失禮，但是老實說，以我這個異性的眼光來看，我不覺得她是個美到會特別受歡迎的少女。

但是，**她卻全身充滿自信，擁有非常吸引人的魅力。**

我問她：「小遙，聽說妳在班上人緣很好啊？」

「是呀，因爲全世界我最可愛嘛。」

她本人這麼回答我。

因爲我的朋友，也就是小遙的父親一直對她說「全世界你最可愛喔」，所以這就成了小遙的自我意象，她的這股自信才會吸引了那些男孩吧。

當時的小遙是六歲，已經建立80%的高度自我肯定感了。

其實，類似的例子多得不勝枚舉。

日本軟銀公司的老闆孫正義，也是自懂事以來，就在被父親不停灌輸「你是天才」的環境下長大。

父親這句話成爲孫老闆的自我意象，他根據「我不論什麼事都辦得到」的自我肯定感，挑戰了許多事物，最後才充分展現自己的潛能。

代表日本的職業足球選手久保健英，也是從小就開始踢足球，聽說父親就是他的教練，但他父親從來不曾因爲足球的事情責罵他。

放鬆心態、不論結果好壞都會稱讚孩子勇於挑戰，在這樣的父母教育下成長，孩子就會培養出「我不管什麼事都辦得到」的自信。

總之，**在孩子十二歲以前，聽父母說了什麼話、得到父母多少讚美，都是引導他走向豐富幸福人生的關鍵。**

反之，

「你要更努力一點。」

「少作白日夢了，去好好用功讀書。」

如果孩子是在父母說的這些話語中成長，就會覺得「自己不過如此」，於是便維持著低落的肯定感，難以改變。

這麼一來，就會逐漸塑造出現實性的思維，覺得「我根本不可能當大老闆，就算成爲上班族，也不會出人頭地吧」。

不只是父母所說的話語，態度和表情也具有影響力。即使父母沒有開口否定，但孩子記憶中他們嫌惡的表情，也會爲孩子醞釀——

「沒有人願意接受我。」
「我不能這麼任性。」

諸如此類的臆測，影響到孩子的自我意象。

大家是怎麼被父母撫養長大的呢？
當你嘗試面臨挑戰時，他們是不是會誇獎你呢？
他們都肯定你嗎？

從小就一直受到父母讚美、肯定、認可的人，在十二歲時就會培養出很高的自我肯定感。

這樣的人會建立起「只要挑戰，就會順利！」的思維，即使長大成人，也會不斷積極挑戰，得以向上提升。

而另一方面，自我肯定感若是維持在低落的狀態，就只會追求符合自己條件的現實。

比方說，模擬考成績都在均標的國三考生，就只會以中等程度的高中爲升學志願。

求職時，也會認爲「考慮到我畢業的學校水準，外商公司應該不用想了」，連履歷都不投就直接放棄。

自我肯定感低落的人就會像這樣，完全不想追求更上一層樓。

我們所有人，都潛藏著無限的可能性。

但是，**大多數人都是因爲自己塑造出來的自我肯定感，而限制了人生**

的可能性。

其中的主因，正是「與父母的關係」。

在十二歲以前成形的自我肯定感，還有改變的可能嗎？

答案是「YES」。

舉例來說，我們長大後遇到恩師或足以稱作心靈導師的人，在一起參加活動的過程中，就會在無意間提高自我肯定感。

絕大多數的自由工作者和創業家，應該都曾在某個時刻改變了自我肯定感。或許也有很多人仔細回想後，才發現自己是因爲與人相遇而改變的吧。

但是，要遇見類似心靈導師之類的人，機率可能很低。這種人就可以透過自我照顧和心理諮商，來逐步提高自我肯定感。

我在這一章想教大家的，是**如何「靠自己」逐漸改變自己的本質**。

我們每一個人，多多少少都受到父母的影響。只要正視這個事實，實踐我告訴大家的方法，就能夠確實改變自己了。

「不能比父母更幸福」的魔咒

在實踐改變自己本質的方法以前，需要先做一件事。

那就是**「拆除心靈的煞車」**。

這個煞車，是一種**無意間建立的屏障（限制）**，會讓你想著：

「我不能活得比父母更幸福。」

父母的經濟貧困、感情不睦，老是發牢騷，過著不滿足的生活。

如果孩子看著父母痛苦的表情成長，長大成人後就會不由自主地想著：

「不應該只有我過得幸福富裕。」

於是，這個想法就會逐漸形成一道屏障。

或者，如果是父母早逝的孩子，在長大到接近父母去世的年齡時，大多會覺得「害怕活到超過父母去世的年紀」。

這就是內心「不能超越父母」的煞車在作祟。

◎允許自己富裕幸福吧

吸引力和願望實現法，之所以不管怎麼做都不順利、不論過了多久也沒有變得幸福，是因為內心的煞車還在運作。

各位可以先察覺這一點，然後允許自己：

「盡量變得富裕吧。自己獲得幸福，才能幫助不幸的父母。」

給自己一個富裕幸福的許可吧。

這個屏障，會一直堆積在潛意識裡。

潛意識會累積各種記憶和情感，可以說是「過往記憶的儲藏庫」。

我們並不是忘記小時候的記憶，「只是想不起來而已」，記憶絕對不會消除。

所以，這些錯綜複雜的過去，需要透過催眠療法之類的治療或心理諮商挖掘出來，解讀出意義後再好好收回心中。

如果沒有療癒、完成這道工程，即使做了願景板，即使意識一點一滴改變了，最後還是會出現「與父母的記憶」，擋在前面阻礙你的去路。

所以，如果你覺得父母的生活不幸福，你就需要拆除自己內心的煞車。

你可以盡量超越你的父母。

你可以盡量變得富裕。

你可以盡量過得幸福。

改變自己的方法——寫信給父母

那麼，我們就來一起做改變自己本質的功課吧。

實踐這個方法，可能會感到很痛苦、很難受，這時就不要勉強，但是對於眞的想改變自己、想要幸運體質的人來說，這是必經的過程。

我在隨附的筆記本設置了做功課的頁面，請各位分別寫一封信給父親和母親的信吧。

1 **各寫一封信給自己的父親和母親。如果你的父母已經不在人世，或是你生長在單親家庭、對父母沒有記憶，還是建議試著寫看看。**

2 **從你出生至今有過什麼感謝、憤怒、悲傷、期望等，如實寫下你所產生的感受。**

如果各位想要做得更正式一點，可以準備一套信紙組來書寫。

寫完以後，如果你發現自己寫了一大堆悲觀的情緒、憤怒和憎恨的負面情感，就把信統統撕碎丟掉。倘若環境許可，請點火燒了這封信。多次重複這個工程，效果會更明顯。

注意

- 如果你沒有父母，也可以寫給「養父母」或「祖父母」。
- 如果你沒有對父親的記憶，可以想像一下父親的心情來寫寫看。
- 不想丟掉、燒掉信件的人，好好保管也沒關係。

實際做了這項功課後，就算是「對父母只有無盡感謝」的人，大多也會在寫到一半時，陸續湧現出比想像中更多的情感，甚至還會想起已經埋葬在內心最深處的記憶。

例如，「其實我想報考私立學校，但是父母說家裡沒錢、不讓我去」的憤怒情緒就會冒出來，也可能會想起父母說過「要是沒生下你就好了」而感到傷心的回憶。

我甚至還有個客戶，想起自己小時候遭到母親處罰，多次被綁住手腳、關進黑暗壁櫥裡一個小時的記憶。這麼嚴重的事情，就會因爲當事人不願想起，而將記憶埋葬在潛意識深處。

因此，**即便是對父母滿懷感恩的人，在做了這項功課後，潛意識裡堆積的陰鬱情感也會泉湧而出。**

面對乍看之下悲觀的情緒，壓抑反而是淨化和療癒它的最大障礙。內心的矛盾和「不能顯露出這些陰鬱情感」的壓抑心態，都是壓力的來源。**憤怒、悲傷、矛盾、怨恨，不論是什麼樣的情感，都可以盡情釋放出來。**各位就放心寫在信紙上吧。

如果，你眞的內心只有感恩、只會想到「很抱歉自己給父母添麻煩」的話，那就**不必強行尋找負面的情緒。**

寫下自己對父母的感謝之情，試著做個了結就好了。

◎心理上的和解關鍵

這項功課要做到自己的心境達到以下這個程度，才算是結束了。

「這也是沒辦法的事。」

「是我要求太多了。」

「雖然發生了很多事，但還是很感謝父母生育了我。」

完全不需要將吐露在信紙上的情感，全部直接傳達給父母。如果不在情感已經療癒的狀態下接觸父母，可能會造成反效果。

療癒情感，可以只靠自己完成。

當我們能夠覺得「父母也無可奈何」時，情感就已經得到療癒，可以與父母達到心理上的和解了。

我在與父母達到心理上的和解以前，反覆撕碎了五封給父親的信、十封給母親的信……我才好不容易收斂了情緒，產生「無可奈何」的心境。

或許每一次都會令人難受，但是請大家一定要嘗試不停反覆寫信，直到抵達那個境界。

這項功課，讓很多人都撲簌落淚。也有很多父母早已亡故的人，在做完這項功課後特地去掃墓，痛哭著雙手合十祭拜。

我認爲，哭泣是一件很棒的事。因爲，它是我們從小到現在、**埋藏在心中的情感得到淨化的證據**。

各位大可把這項功課當成一種淨化作用，盡情吐露內心隱藏的情感、盡情哭泣吧。如此一來，自己的本質就會改變，能夠過著屬於自己的人生。

◎情感就好比汽油

前面提過我和父親之間的關係很糟糕，所以我覺得：

「我討厭父親，喜歡母親。」

「心理上與父母和解」的信號

心理上的和解，並不是要和父母融洽相處。無法原諒父母也沒有關係。

寫信這項功課可以結束的信號，在於達到「父母也很辛苦」「這是沒辦法的事」「即使父母只是生育我，也值得感謝」的心境。

透過「心理上與父母和解」
來獲得療癒、淨化，
自我意象就會改變

正確來說，是我對此深信不疑。

但是，當我試著做寫信給父母的功課後，才發現自己的眞心話是——

「我並不是喜歡母親，而是不想被她討厭。」

我的父母處於隨時都可能會離婚的狀況，所以我經常跟姊姊討論「如果爸媽離婚的話，你要跟誰走？」的問題，而我們姊弟都回答「當然是跟媽媽啊」。

我不可能選擇和父親住在一起。倘若母親不要我，我就活不下去了，所以我不想讓母親討厭我。

這就是我內心深處，根深柢固的想法。

或許是因爲如此，我在青春期一點也不叛逆。我眞的很努力壓抑自己眞正的個性，以免給母親添麻煩、被母親討厭。

反過來說，叛逆的孩子都可以盡情表現出自己。

「我對母親滿懷感激，但她眞的讓我非常壓抑。」

我開始寫信以後，對母親的怨氣就像洪水潰堤般傾洩而出，每次都是抽泣著寫信。

寫好一封信後撕毀，接著寫一封信又撕毀，再寫一次再撕毀……我潛意識裡累積的負面情感，讓我大概重複了這個過程十次。在我開始寫信以前，根本就沒有察覺自己掩蓋了這份情感。

我試著寫信給父母後，才發現了一件事：

「情感就好比汽油」。

放任它不斷湧出、盡情吐露出來，再慢慢撲滅它所燃起的火焰，直到它逐漸變少。

我不斷釋放壓抑的情感時，在信紙上寫了這些話：

「媽媽應該也覺得被爸爸大吼很恐怖吧。」

「只有小孩子才會說爸爸的壞話吧。」

「這也是無可奈何的事。」

我大概寫了十遍，才終於領悟。

這一瞬間，我對母親的怒氣和悲傷，才得以淨化。

很多人其實都會將自己沒有意識到的憤怒和悲傷等情感，累積在潛意識裡，這部分才是能夠改變自己的根本，所以大家一定要趁這個機會，慢慢淨化、療癒自己。

◎父母也只是個不成熟的人

我再強調一次，**寫信這門功課的目標，並不是要你喜歡父母、和父母融洽相處，而是要達到這樣的心境：**

「這也是沒辦法的事。」

「父母光是生育我，就很值得感謝了。」

這就是和父母「心理上的和解」。

你出生的時候，父母是幾歲呢？
是不是比現在的你還年輕呢？
已經來到父母生下你的年紀，或是超過那個年紀的你，夠完美無缺嗎？

孩子往往會以爲父母是完美的人。不過，一旦做了寫信給父母的功課以後，應該就會漸漸覺得：

「我到了這個年齡，還是很不成熟啊，還有好多事情都不懂。父母當年就跟現在的我一樣，還在成長。」

「父母也是普通人啊。」

「父母要應付工作和親戚，有好多事情要忙，我卻希望他們事事都順我的意，未免太強人所難了。」

「很多大人都有煩惱和苦衷，所以我的父母心裡也一樣很糾結吧，他們只是把這些壓力發洩在孩子身上而已。」

基本上，天下沒有不愛孩子的父母。

只是他們的愛沒有好好表現出來，或是沒有表現出孩子所追求的愛，所以孩子才會以爲「父母不愛我」。

父親從來不曾擁抱我，也不曾陪我玩拋接球，他總是擺出一副霸道的態度，讓我非常害怕，才會以爲「他不愛我」。但是，直到我長大以後，才發現——

「他帶我去過東京巨蛋看棒球比賽，也誇獎過我好幾次。而且，雖然他牢騷發個沒完，卻還是沒有辭職、一直工作到退休，養活了我們全家人……什麼嘛，搞不好他其實很愛我呢。」

話雖如此，我在進入心理學的領域後，仍繼續和父親斷絕關係。即使我幫人做心理諮商，也依然覺得斷絕父子關係這件事讓我很難受。

「我和父親的關係這麼糟，怎麼還有臉對諮商者提出建議。」

我懷著這股心思，參加了好幾場講座，在某一場講座上，講師問我：

「對你來說最重要的是什麼？」

不知爲何，我竟然回答了「爸爸」。

這或許是某種機緣也說不一定。

我聽完那場講座後，在回程的路上，睽違四年繞去了老家。我一打開老家的大門，就看見父親的背影。父親可能以爲我帶著小刀要來殺他吧，露出像鬼一樣猙獰的表情防備著我。

面對四年不見的父親，我明明早就預先想好了很多想說的話，但此時我脫口說出的，卻是：

「爸，謝謝你過去的照顧。」

我激動得幾乎要無法呼吸，淚流不止，但抬頭一看發現父親也哭了，這是我這輩子第一次看見父親落淚。

後來母親也過來，三個人就這樣哭了快半個小時吧。

後來，父親說：

「我一直覺得自己很愧對你。」

因此，我回答他：

「在我還小、什麼都不懂的時候，爸應該也遇到很多事，覺得很辛苦吧？畢竟你也是普通人啊。」

我終於能夠這麼想了。

從此以後，我的人生才眞正逐漸好轉。

父親只是很笨拙，在成長過程中沒有得到父母明確的愛護，所以對我們姊弟也無法表現出直接清楚的愛。

「這就是我爸，雖然是我的親人，卻並不完美。」

我完全接受了父親的模樣，成功在心理上與父母和解。

我父親至今依然相當笨拙，但我們會保持聯絡了。因爲他是很有威嚴的人，我到現在面對他還是會緊張，不過現在我們會單獨一起喝酒，享受父子共處的時光了。

安撫自己的內在小孩，翻轉人生

只要學過心理學和心理治療，就會經常看到「內在小孩（Inner child）」這個詞。

它就是指我們內在身爲小孩子的自己。內在小孩都會懷抱著在自我肯定感成形的十二歲以前，受過傷的記憶。

不只是孩提時代的自己，從現在的自己回頭看過去的自己，全都算是內在小孩。

應該沒有人這輩子從未受過心理創傷吧。我們所有人的內在，都有個受傷的內在小孩。

我們如果要改變自己的本質，無論如何都需要療癒眞正的自己，也就是療癒我們的內在小孩。

首先，我們來回想一下自己年幼時期的痛苦記憶吧。

那是發生在你幾歲的時候呢？當時還小的你，對這件事有什麼感覺、露出什麼樣的表情呢？

請大家在晚上入睡以前，閉著雙眼，想像年幼的自己站在眼前。就這樣直接睡著也沒關係。現在的你可以對年幼的自己說話，試著聊一下。

【例】

現在的自己：「你為什麼要哭呢？」

年幼的自己：「因為爸爸和媽媽在吵架。」

現在的自己：「你有什麼感覺呢？」

年幼的自己：「我看到媽媽在哭就會很難過，可是我不能給媽媽添麻煩，所以要忍耐。」

現在的自己：「這樣啊。不過你放心，這些難過的感覺都會慢慢好起來的。我看過你的未來，爸爸和媽媽感情很好喔。」

即使無法對話，**你也可以安撫年幼的自己說「不會有事的」**，或是抱

抱他、摸摸他的頭。

請大家每天都在想像中做這些事。

只要這樣持續下去，你就會覺得年幼的自己逐漸開朗起來了。

「你今天也來了啊！」

他或許會這樣對你說。在這個過程中，原本愛哭的孩子會越來越愛笑，難過的感覺和內心的傷痕也會明顯慢慢痊癒。

這就像是搭著時光機回去見受傷的自己一樣，是一門療癒自己內在小孩的功課。

受傷的內在小孩不是只有一個人，可能會有很多個也說不定。甚至有些人的內心有著一、兩年前受過傷的自己。

去見每一個受傷的內在小孩，然後對當時的自己說一句溫暖的話：

「你未來的人生會很順利，儘管放心吧。」

這麼一來，就能夠做到「療癒自己」了。

寫給父母的信、療癒內在小孩這些自我照顧的工作，可以逐漸治癒、淨化、解決我們最根本的情感。

像這樣改變自己的本質，你就能順著心意邁向豐富幸福的人生了。

如果你的生活過得很煎熬，那就代表你有個受傷的內在小孩。

不論自己有多麼努力，事情就是無法如意，就是無法喜歡自己，覺得自己一無是處。你會這樣否定自己、責怪自己，並不是因爲你不好，而是因爲你的內在小孩受傷了。

如果要改變自己的本質、獲得眞正的幸福，就必須療癒我們受了傷的內在小孩。

因此，我邀請你拿出手機（或錄音筆），平緩地朗讀以下自我靜心導引文字並錄音。

每天在入睡前或放鬆休息的時候，找個安靜的地方坐下或是躺下，準備就緒後，輕輕閉上眼睛，播放這段錄音，反覆聆聽。過程中如果睡著了，也沒有關係，訊息一樣會傳遞到你的潛意識裡。

讓自己搭著時光機去見你的內在小孩，好好療癒他吧。

【自我靜心導引】

療癒你的內在小孩

輕輕地閉上眼睛，慢慢地深呼吸。
慢慢地、大口地深呼吸幾次……
逐漸放鬆身體……
繼續深呼吸……
想像，眼前有一台很漂亮的時光機。
現在我要搭上這台時光機，
去見我的內在小孩，
去見年幼時那個受傷最深的自己。
我坐上了時光機，我將開始倒數，
數完以後，我就會回到過去，
抵達受傷的內在小孩身邊。

十九八七六五四三二一

我已經抵達內心孩子的身邊了。

在我面前的內心孩子，是什麼模樣？

是幾歲的我呢？

我試著對他說說話：

你怎麼了呢？你爲什麼在哭呢？

是什麼事讓你這麼痛苦呢？

是什麼事讓你這麼煩惱呢？

是不是因爲爸媽老是拿你和兄弟姊妹比較，讓你很難過呢？

是不是因爲爸爸和媽媽一直吵架，讓你很難過呢？

是不是因爲媽媽說你很沒用呢？

是不是因爲不管你想做什麼事都會被否定，覺得很難受呢？

是不是因爲你不想給媽媽添麻煩，一直在忍耐呢？

是不是因爲你在學校被欺負呢？

是不是因爲沒有人站在你這邊呢？

是不是因爲你回家後總是只有自己一個人，覺得很寂寞呢？

內在小孩或許會回說，

因爲我一直好怕爸爸，因爲我沒辦法幫助媽媽，我好難過。

我一點忙也幫不上，媽媽一直很不耐煩，

我不知道她到底愛不愛我。她還說要是沒有生下我就好了。

仔細聆聽內在小孩說話，好好聽他說了些什麼。

然後對他說：

你很難受吧，但是你好努力喔，眞的很努力呢！

你好了不起，你忍了很久呢！

我其實就是長大後的你喔。

我現在過得很好，所以你不會有事的。

問內在小孩：我可以抱抱你嗎？

如果內在小孩願意，就溫柔地抱緊他吧。

告訴內在小孩，我變得很堅強了喔，

因爲我克服了好多困難，

眞的克服了好多好多困難，所以我變得很可靠喔。

我決定要讓自己過得很幸福，所以才會來見你喔。

你一直都孤伶伶地在這裡等待吧，
對不起，讓你等了這麼久。
不過已經沒事了，以後我會守著你，
我會好好愛護你，已經沒事了。
你不必再擔心了，你不必再自責了，
你不必再覺得沒有人愛你了，
因爲還有我愛你，我是全世界最愛你的人，
我會一直愛著你，我很愛你喔。
從今以後，我們要一起過著最棒的人生，
好好地、盡情享受人生，我們一起來享受吧。
問內在小孩：要不要跟我在一起？
如果他答應了，就讓內在小孩進入我的心中，
敞開雙手抱緊他，讓他進入我的心中。
我和我的內在小孩會逐漸融爲一體，
我會感受到深刻的愛與喜悅，而且我會越來越充滿自信。
我的內在小孩已經獲得療癒。

那麼，再次搭上時光機，回到現在吧。
如果內在小孩還想待在這裡，
那就溫柔地告訴他，我會再來見他。
等數到十，我就會回到現在了。
一二三四五六七八九十
我已經回到現在了。
不論我過去的人生有多麼煎熬，今後都會慢慢改變，
因爲我的內在小孩已經獲得療癒了。
不安、擔憂、急躁，沒有人愛我、反正我很沒用，
這些心情在剛剛都已經得到撫慰了。
已經進入我心中、與我融爲一體的內在小孩，
會讓我今後的人生更加、更加開心，變得幸福洋溢。
我的人生正慢慢充滿了愛、喜悅和幸福。
我原本就是個充滿愛的存在。
療癒受傷的內在小孩，
會讓我今後有很大、很大的轉變。

第5章 重點整理

① 「心理上與父母和解」是活出自己的關鍵

② 拋棄「不能比父母更幸福」的成見

③ 療癒內在小孩，就能邁向豐富幸福的人生

請寫下你在第5章的心得。

正負法則

各位知道「正負法則」嗎？

這個法則最有名的一句話就是「人生有苦就有樂」，意指人生是由50％的喜悅和50％的悲傷所組成的。

只要相信正負法則，你就會建立起「既然有好事，那就會有壞事」的觀念。

比方說，當你好不容易賺進了一筆臨時收入後，就會以為接下來會發生壞事；即使你遇上了開心的事，也會感到害怕．不安，讓現在的幸福和喜悅全部都變成了恐懼。

如此一來，這就成了會暗示自己「一旦發生好事，接著就會發生壞事」的法則，導致負面的預測更容易成為現實。

如果你相信正負法則，最好先擺脫這個觀念。

最早啓蒙我踏入心理學和自我啓發領域的，是企業家齋藤一人先生所主張的「幸福法則」：與正負法則完全相反，「好事會像雪球般越滾越大」。

齋藤先生說，「既然發生了好事，那就一定會再發生好事」。

我起初十分相信正負法則，所以在知道這個法則以後飽受衝擊，同時，我的內心就像點亮一盞明燈般感到安心。

因此，我便試著將自己的意識設定為「今後只會發生好事」「就算沒有發生壞事，好事還是會像雪崩一樣接連發生」。

以前，我的心境就好比在搭雲霄飛車一樣忽高忽低的，但如今我不再想著「有好事就會有壞事」，能夠打從心底想著只要發生好事，就會接連發生更多好事。

人生並不是好與壞的組合，而是能夠變成100％的幸福。

給予法則

我們所生存的宇宙裡，有個「給予的法則」。

簡單來說，它的意思是「人生是你給了別人多少，就有多少回報」。

所謂的給予，是指自己率先付出能量。這麼一來，不只是在你的面前，宇宙的某處也會發生循環，讓這股能量回報給你。

重點在於，回報並不一定是來自於你所給予的對象。這個宇宙裡有各式各樣的管道相連，即使你是為面前的人付出，也可能會從其他管道傳來三倍的回報給你。

就算你一味期盼著「想要更多！」希望別人給予自己，也不會得到別人的付出。因為，你並沒有主動給予，反倒還釋放出「想要別人給我更多！」的能量，所以只會吸引到讓你「想要更多」的現實。

在自己的能力所及範圍內就好，請各位要意識到「給予他人」這件事。

不管是「今天一整天都要面帶笑容」，還是「對人表達感謝之意」「送一杯咖啡給努力加班的同事」，什麼事情都可以。

這世上有句話叫作「給予和接受」，你只要想著「給予」就好。如此一來，你自己就能推動豐盛的循環，總有一天它會以某種形式、變成更大的回報回到你的身上。

當我在談給予的法則時，有人問我「給予的時候可以計較得失嗎？」那當然可以。

就算剛開始會計較得失，但是在持續給予的過程中，富裕必定還是會回報給你。

像疊起和紙一樣細心地活著

我很尊敬的某個長輩，在我進入心理學領域的第一年時，對我說了這句話。

「你要像疊起和紙一樣，細心地活著。」

我剛開始聽到這句話時還一頭霧水，沒能理解它的含義，但是當我逐漸明白以後，發現這句話能在潛意識沒有察覺的時候，一點一滴細心地幫助我慢慢改變，所以我想把這句話分享給大家。

首先，請各位想像一下在過完一天後，在那天的最後，放一張和紙在自己面前的情景。接著想像自己明天、後天、每一天，都在一天的最後疊上一張和紙。

一年後，你的面前已經疊起了三百六十五張和紙，厚度足以媲美厚重的漫畫雜誌。

每一張和紙都極為輕薄，手指可以輕易戳破一個洞。但是，一天天細心地堆疊和紙，就能疊成手指也戳不破的厚度了。

也就是說，細心地累積習慣，假使持續了十年、二十年，也會變成非常可觀的厚度。

剛開始培養習慣時，光是一天或三天，根本就感覺不到變化。然而，每天細心地持續下去，三個月後、半年後、一年後、三年後再回顧，肯定能夠感受到「原來我變了這麼多啊」。

所以，不要只專注在某一天，覺得沒有改變就放棄培養習慣，而是要放眼未來，細心地累積下去。

7：8：9法則

如果想要活得充實，重要的是養成良好的生活習慣。

但一定會有人說「我沒有那麼多時間」「我每天都很忙，真的沒辦法」。你是不是也一樣呢？

遇到這種人，我都會教給他們「7：8：9法則」。

這三個數字加起來是二十四，也就是一整天的時間。

人生很不公平，出生、成長、性格、環境都各不相同。唯一公平的是，大家都有一樣的時間。不論是再怎麼成功的人，還是剛出生的小嬰兒，每個人都只有「一天二十四小時」是相同的。

這個法則，代表的是一天內的時間分配。

7＝睡眠時間

8＝工作時間（含家事．育兒）

9＝改變人生的黃金時間

雖然這終歸是日本人的平均數字，不過大家在聽到這個說法後，都很吃驚「蛤！有九小時這麼長嗎？」雖然各位都覺得自己很忙，但卻有九小時的自由時間。你在這段時間裡，是不是會不由自主地打開電視看個沒完、上網閒逛，花太多時間在不必要的事情上呢？

我並不是要大家把這九個小時全花在養成能改變自己的習慣上，但至少可以花個十分鐘，寫寫感謝筆記本，或是在社群網站上發表資訊吧。

每個人都擁有可以改變人生的黃金時間。當然，你也不例外。你如何運用這段時間，足以改變你的人生。

那麼，你的黃金時間還有幾個小時呢？

【後記】

你的人生一定會越來越好

「你的人生一定會越來越好。」

這是我在走投無路的時候，小林正觀先生送給我的一句話。

我在二十四歲到二十七歲、大約兩年半的這段時間，辭去了公司職員的工作，一邊在超商打工，一邊看護生病的母親。

那時的我每天都很絕望，但幸運的是，我在逐步實踐本書寫到的願望實現法的過程中，母親的病情奇蹟似地好轉了。

我成功穿越了黑暗的隧道，衷心感謝神的情緒油然而生。

母親康復一事雖然很值得高興，但接著我又產生了新的煩惱。

「我今後該怎麼活下去？」我對人生的出路開始感到迷惘。

我有「照顧生病的母親」這個理由，所以當個打工族也無所謂。不過在母親康復以後，我覺得自己還是回去當個公司職員比較有面子。

可是，我在那個時候就已經十分貪讀齋藤一人先生和小林正觀先生的書，比起沒頭沒腦地找工作，我反而開始認眞思考「想要找出自己眞心想做的事」。

就在我這樣繼續做了大約一年的兼職工作、同時摸索人生的過程中，漸漸感覺到光是看書已經無法滿足我，於是我便去聽了小林正觀先生的演講。

當時還只有二十幾歲的我，在小林先生的演講聽眾中算是屬於比較年輕的族群。

或許是因爲這樣，我去聽了好幾場演講後，小林先生記住了我，還在開場前來找我談話，問我：「你看起來這麼年輕，現在在做什麼呢？」

於是，我就把母親生病、我爲了專心照顧她而辭去上班族的工作，以及我在母親康復後開始煩惱自己人生出路的現狀，統統都告訴他了。

結果，小林先生對我露出微笑，說：

「你的人生一定會越來越好。畢竟你沒有拋棄自己的母親啊，這就是你在宇宙的存款，你就好好期待你今後的人生吧。」

他對我說了這麼一段珍貴的話，然後就上台演講了。

小林先生的演講，是他當下感受會場的氣氛，再決定要說話的內容，並沒有預先準備任何講稿。

當天的演講，不曉得是不是他特地爲了我才說的，話題主要都圍繞在「宇宙存款」上。

小林先生在這個獨特的話題中提到，沒有酬勞的善行、不求回報的善行，都會儲存在宇宙銀行的帳戶裡，而且那裡「年利率是1000%」。

小林先生彷彿就像在對我說話一樣，讓我忍不住落淚。

我放棄上班族的工作、開始照顧生病的母親，曾經非常生氣「母親搞砸了我的人生」，但小林先生的談話直擊我的心，讓我能夠眞心覺得「我做了正確的選擇」。

「你的人生一定會越來越好。」

小林先生對我說的這句話，從此成爲我人生的護身符，至今仍在我的心中溫暖地跳動著。

也許你現在也像以前的我一樣，覺得人生好難過，正身陷於煩惱愁苦之中。

應該也有人覺得自己明明已經很努力了，人生卻始終無法如意。

但是沒有關係。

當你還想爲人生做點什麼時，人生就一定會越來越好。

「你的人生一定會越來越好。」

我想在這本書的最後，把小林先生送給我的這句話，也送給有緣的你。

學生時代暑假作業的讀書心得，我都只會看完書的後記就直接寫了，要這樣的我寫完一本書，實在是非常辛苦。

這本超感謝筆記，所幸有從企畫到編輯、始終都和我一起工作的編輯鹿野哲平先生，以及協助編輯作業的澤田美希小姐，因爲他們才能夠順利出版成書。我衷心地尊敬、感謝他們。

我也要感謝FOREST出版的人員及設計、裝幀人員、業務部的人員。還有幫忙把書本運送到各大書店的人、在書店裡陳列書本的店員，以及願意翻開這本書的你。

能有一條無形的線聯繫這每一位有緣人，是我最高興的事。

希望大家都能因爲寫了感謝筆記，而變成吸引幸運的體質、走向願望不斷實現的人生。

期待未來有一天，我可以直接聆聽各位訴說已經實現的種種夢想。

◎來寫七次讀書紀錄吧

最後，我對各位有一個請求，**「希望你能閱讀這本書七次」**。閱讀七次，你的願望就會慢慢滲透到你的潛意識裡。

我在第1章提到，書不能只讀一次就算了。

反覆閱讀，確實書寫感謝筆記、當成一種習慣來培養，這些「行動」都會使你的人生慢慢改變。

請大家大約每三個月重讀一次這本書，肯定每次都會有新的發現。

我在下頁準備了一張可以填入七次閱讀日期的表格。

請大家在每一次讀完以後，務必填入日期。等到讀完七次時，你的人生肯定已經發生過好幾次奇蹟了。

7次閱讀紀錄表

請各位在每一次讀完這本書後，寫下日期和你的心得。
每一次閱讀完畢，奇蹟就會陸續發生喔。

次數	讀完日	感想和心得
1		
2		
3		
4		
5		
6		
7		

國家圖書館出版品預行編目資料

睡前3分鐘超感謝筆記【1書＋1魔法筆記本】：5000人親身實證，吸引好運與財富的超強習慣／心理諮商師 masa 著；陳聖怡 譯．
-- 初版 -- 臺北市：如何出版社有限公司，2022.10
240面；14.8×20.8公分 --（Idea Life；37）
譯自：1日3分願いが叶う超感謝ノート：「運」と「お金」を引き寄せるすごい習慣
ISBN 978-986-136-635-7（平裝）
1.CST：成功法　2.CST：生活指導
177.2　　111013076

Eurasian Publishing Group 圓神出版事業機構 用心與你對話．視野無限寬廣

如何出版社 Solutions Publishing

www.booklife.com.tw　　reader@mail.eurasian.com.tw

Idea Life 37

睡前3分鐘超感謝筆記【1書＋1魔法筆記本】：5000人親身實證，吸引好運與財富的超強習慣

作　　者／心理諮商師masa
譯　　者／陳聖怡
發 行 人／簡志忠
出 版 者／如何出版社有限公司
地　　址／臺北市南京東路四段50號6樓之1
電　　話／（02）2579-6600．2579-8800．2570-3939
傳　　真／（02）2579-0338．2577-3220．2570-3636
副 社 長／陳秋月
副總編輯／賴良珠
責任編輯／柳怡如
校　　對／柳怡如．張雅慧
美術編輯／林韋伶
行銷企畫／陳禹伶．朱智琳
印務統籌／劉鳳剛．高榮祥
監　　印／高榮祥
排　　版／杜易蓉
經 銷 商／叩應股份有限公司
郵撥帳號／18707239
法律顧問／圓神出版事業機構法律顧問　蕭雄淋律師
印　　刷／祥峰印刷廠
2022年10月　初版
2024年6月　17刷

定價380元　　ISBN 978-986-136-635-7　　

超感謝
魔法筆記

目次
CONTENTS

超感謝筆記的寫法

我準備了「超感謝筆記」七日實踐功課。請大家連續七天，依照問題回答填寫，奇蹟和靈感就會開始陸續出現。不過，我要先說明幾個注意事項和書寫的技巧。

感謝筆記＆讚美自己

寫下今天讓你覺得「值得感謝」的事，還有想要讚美自己的事吧。雖然感謝筆記的頁面列出了十項，但要是想不出來的話，只寫一件或三件，不管寫幾件都沒關係。

感謝周遭的人

每一頁都要換一個對象。可以只寫名字和謝謝，例如「○○，謝謝你」也沒關係，要寫出具體的感謝內容也沒問題。

寫給過去的自己

這一欄是寫給過去的自己的訊息。現在的自己對過去各個時空的自己說「這個時候的你，正在煩惱某某事吧」「你在某某事很努力呢」「你是不是很擔心呢？」溫柔地對他說話、安慰他。然後，對過去已經很努力的自己，說聲「謝謝」吧。

隨筆空間

這一欄可以隨意書寫。今天發生的事、自己現在很煩的事、寫這份表單時產生的心得，要寫什麼都可以，盡情寫出你心裡的話吧。這樣你肯定會感到痛快許多，可以客觀地審視自己的內心。

花七天的時間面對自己、做完功課以後，你的體質一定會產生變化、奠定會不斷引發奇蹟的根基。

這份表單不要只做這一次就算了，希望各位都能養成寫超感謝筆記的習慣，逐漸引發奇蹟吧。

感謝筆記

回顧過去 24 小時內發生過的事，寫出你認為開心和值得感謝的事。

-
-
-
-
-
-
-
-
-

感謝筆記

感謝筆記

●

●

●

●

●

●

●

●

●

●

感謝筆記

-
-
-
-
-
-
-
-
-
-

感謝筆記

-
-
-
-
-
-
-
-
-
-

感謝筆記

感謝筆記

●

●

●

●

●

●

●

●

●

●

Day 1　　月　日（　）

感謝筆記

寫下今天讓你覺得「值得感謝」的事情。

例）今天一整天都過得很平安，沒有受傷和生病，感謝！

□

□

□

□

□

讚美自己

寫下今天讓你覺得「很努力」「值得誇獎的事」，慰勞自己。

例）我上班沒有遲到、準時開始工作，我好棒！

隨筆空間

隨意寫下今天令你在意的事、煩惱、心得……

Day 2

月　　日（　　）

感謝筆記

寫下今天讓你覺得「值得感謝」的事情。

- ☐
- ☐
- ☐
- ☐
- ☐
- ☐

讚美自己

寫下今天讓你覺得「很努力」「值得誇獎的事」，慰勞自己。

感謝周遭的人

隨意寫下你對家人的感謝之情

例）謝謝老哥一直都能理解我的想法、守護著我。

隨筆空間

隨意寫下今天令你在意的事、煩惱、心得……等等。

Day 3

月　　日（　　）

感謝筆記＆讚美自己

寫下今天讓你覺得「值得感謝」的事情。

- □
- □
- □
- □
- □

寫下今天讓你覺得「很努力」「值得誇獎的事」，慰勞自己。

寫給過去的自己

寫一段訊息給出社會後的自己。

例）雖然剛開始這份工作的時候，我什麼都不會，但現在已經能獨當一面了，進步了好多呢。

感謝周遭的人

隨意寫下你對朋友、同事的感謝之情。

隨筆空間

隨意寫下今天令你在意的事、煩惱、心得……等等。

Day 4

月　　日（　　）

感謝筆記＆讚美自己

寫下今天讓你覺得「值得感謝」的事情。

□

□

□

□

□

寫下今天讓你覺得「很努力」「值得誇獎的事」，慰勞自己。

寫給過去的自己

寫一段訊息給學生時代的自己。

感謝周遭的人

隨意寫下你對過去曾經照顧過你的人的感謝之情。

隨筆空間

隨意寫下今天令你在意的事、煩惱、心得……等等。

Day 5

月　　日（　　）

感謝筆記＆讚美自己

寫下今天讓你覺得「值得感謝」的事情。

- □
- □
- □
- □
- □

寫下今天讓你覺得「很努力」「值得誇獎的事」，慰勞自己。

寫給過去的自己

寫一段訊息給年幼的自己。

感謝周遭的人

隨意寫下你對父母的感謝之情。

隨筆空間

隨意寫下今天令你在意的事、煩惱、心得……等等。

Day 6

月　　日（　　）

感謝筆記＆讚美自己

寫下今天讓你覺得「值得感謝」的事情。

- □
- □
- □
- □
- □

寫下今天讓你覺得「很努力」「值得誇獎的事」，慰勞自己。

寫給過去的自己

寫一段訊息給嬰兒時期的自己。

感謝周遭的人

隨意寫下你對「自己」的感謝之情。

想要實現的願望

寫下你希望在 3 年以內實現的願望（要寫多少都可以）。

選出一號瓶願望

用很大的字體寫下一個你非實現不可的願望。

Day 7

月　　日（　　）

感謝筆記＆讚美自己

寫下今天讓你覺得「值得感謝」的事情。

□

□

□

□

□

寫下今天讓你覺得「很努力」「值得誇獎的事」，慰勞自己。

寫給過去的自己

用寫信給自己的感覺，寫下你所想到的任何事情。

7 日回顧

回顧這 7 天寫下的內容，隨意寫下你在這 7 天內的心得、不可思議的際遇、下定的決心⋯⋯

Day 1 月　日(　)

感謝筆記

寫下今天讓你覺得「值得感謝」的事情。

☐

☐

☐

☐

☐

讚美自己

寫下今天讓你覺得「很努力」「值得誇獎的事」，慰勞自己。

隨筆空間

隨意寫下今天令你在意的事、煩惱、心得……

Day 2

月　日（　）

感謝筆記

寫下今天讓你覺得「值得感謝」的事情。

□

□

□

□

□

□

讚美自己

寫下今天讓你覺得「很努力」「值得誇獎的事」，慰勞自己。

感謝周遭的人

隨意寫下你對家人的感謝之情

隨筆空間

隨意寫下今天令你在意的事、煩惱、心得……等等。

Day 3

月　　日（　　）

感謝筆記＆讚美自己

寫下今天讓你覺得「值得感謝」的事情。

- □
- □
- □
- □
- □

寫下今天讓你覺得「很努力」「值得誇獎的事」，慰勞自己。

寫給過去的自己

寫一段訊息給出社會後的自己。

感謝周遭的人

隨意寫下你對朋友、同事的感謝之情。

隨筆空間

隨意寫下今天令你在意的事、煩惱、心得……等等。

Day 4

月　　日（　　）

感謝筆記＆讚美自己

寫下今天讓你覺得「值得感謝」的事情。

- □
- □
- □
- □
- □

寫下今天讓你覺得「很努力」「值得誇獎的事」，慰勞自己。

寫給過去的自己

寫一段訊息給學生時代的自己。

感謝周遭的人

隨意寫下你對過去曾經照顧過你的人的感謝之情。

隨筆空間

隨意寫下今天令你在意的事、煩惱、心得……等等。

Day 5

月　　日（　　）

感謝筆記＆讚美自己

寫下今天讓你覺得「值得感謝」的事情。

- □
- □
- □
- □
- □

寫下今天讓你覺得「很努力」「值得誇獎的事」，慰勞自己。

寫給過去的自己

寫一段訊息給年幼的自己。

感謝周遭的人

隨意寫下你對父母的感謝之情。

隨筆空間

隨意寫下今天令你在意的事、煩惱、心得……等等。

Day 6

月　　日（　　）

感謝筆記＆讚美自己

寫下今天讓你覺得「值得感謝」的事情。

□

□

□

□

□

寫下今天讓你覺得「很努力」「值得誇獎的事」，慰勞自己。

寫給過去的自己

寫一段訊息給嬰兒時期的自己。

感謝周遭的人

隨意寫下你對「自己」的感謝之情。

想要實現的願望

寫下你希望在 3 年以內實現的願望（要寫多少都可以）。

選出一號瓶願望

用很大的字體寫下一個你非實現不可的願望。

Day 7

月　　日（　　）

感謝筆記＆讚美自己

寫下今天讓你覺得「值得感謝」的事情。

□

□

□

□

□

寫下今天讓你覺得「很努力」「值得誇獎的事」，慰勞自己。

寫給過去的自己

用寫信給自己的感覺，寫下你所想到的任何事情。

7 日回顧

回顧這 7 天寫下的內容，隨意寫下你在這 7 天內的心得、不可思議的際遇、下定的決心……

Day 1

月　　日（　　）

感謝筆記

寫下今天讓你覺得「值得感謝」的事情。

- □
- □
- □
- □
- □

讚美自己

寫下今天讓你覺得「很努力」「值得誇獎的事」，慰勞自己。

隨筆空間

隨意寫下今天令你在意的事、煩惱、心得……

Day 2　　月　　日（　　）

感謝筆記

寫下今天讓你覺得「值得感謝」的事情。

- □
- □
- □
- □
- □
- □

讚美自己

寫下今天讓你覺得「很努力」「值得誇獎的事」，慰勞自己。

感謝周遭的人

隨意寫下你對家人的感謝之情

隨筆空間

隨意寫下今天令你在意的事、煩惱、心得……等等。

Day 3

月　　日（　　）

感謝筆記＆讚美自己

寫下今天讓你覺得「值得感謝」的事情。

□

□

□

□

□

寫下今天讓你覺得「很努力」「值得誇獎的事」，慰勞自己。

寫給過去的自己

寫一段訊息給出社會後的自己。

感謝周遭的人

隨意寫下你對朋友、同事的感謝之情。

隨筆空間

隨意寫下今天令你在意的事、煩惱、心得……等等。

Day 4　　月　　日（　　）

感謝筆記＆讚美自己

寫下今天讓你覺得「值得感謝」的事情。

□

□

□

□

□

寫下今天讓你覺得「很努力」「值得誇獎的事」，慰勞自己。

寫給過去的自己

寫一段訊息給學生時代的自己。

感謝周遭的人

隨意寫下你對過去曾經照顧過你的人的感謝之情。

隨筆空間

隨意寫下今天令你在意的事、煩惱、心得……等等。

Day 5

月　　日（　　）

感謝筆記＆讚美自己

寫下今天讓你覺得「值得感謝」的事情。

- □
- □
- □
- □
- □

寫下今天讓你覺得「很努力」「值得誇獎的事」，慰勞自己。

寫給過去的自己

寫一段訊息給年幼的自己。

感謝周遭的人

隨意寫下你對父母的感謝之情。

隨筆空間

隨意寫下今天令你在意的事、煩惱、心得……等等。

Day 6

月　　日（　　）

感謝筆記＆讚美自己

寫下今天讓你覺得「值得感謝」的事情。

- □
- □
- □
- □
- □

寫下今天讓你覺得「很努力」「值得誇獎的事」，慰勞自己。

寫給過去的自己

寫一段訊息給嬰兒時期的自己。

感謝周遭的人

隨意寫下你對「自己」的感謝之情。

想要實現的願望

寫下你希望在 3 年以內實現的願望（要寫多少都可以）。

選出一號瓶願望

用很大的字體寫下一個你非實現不可的願望。

Day 7

月　　日（　　）

感謝筆記＆讚美自己

寫下今天讓你覺得「值得感謝」的事情。

- □
- □
- □
- □
- □

寫下今天讓你覺得「很努力」「值得誇獎的事」，慰勞自己。

寫給過去的自己

用寫信給自己的感覺，寫下你所想到的任何事情。

7 日回顧

回顧這 7 天寫下的內容，隨意寫下你在這 7 天內的心得、不可思議的際遇、下定的決心……

挑選願望

① 盡可能具體地寫出願望吧，以二十個為目標。如果寫不出二十個，以後再補充也 OK。

- [ ]
- [ ]
- [ ]
- [ ]
- [ ]
- [ ]
- [ ]
- [ ]
- [ ]
- [ ]
- [ ]
- [ ]
- [ ]
- [ ]
- [ ]
- [ ]
- [ ]
- [ ]
- [ ]
- [ ]

一號瓶願望

② 從二十～三十個願望中，選出一個可以當作一號瓶的願望，寫在這裡。（參考書中第 4 章願望實現法）

願景板

把自己的願望視覺化，可以從報章雜誌中找到自己理想人生的字句、圖照拼貼在願景板上

願景板

把自己的願望視覺化，可以從報章雜誌中找到自己理想人生的字句、圖照拼貼在願景板上

～寫給父親的信～

從出生以來，對父母有過什麼感謝、憤怒、悲傷、期望等，如實寫下。

～寫給母親的信～